计量法规手册

（第八版）

国家市场监督管理总局计量司　编

U0991755

中国质量标准出版传媒有限公司
中　国　标　准　出　版　社

北　京

图书在版编目(CIP)数据

计量法规手册／国家市场监督管理总局计量司编. -- 8版. 北京：中国质量标准出版传媒有限公司，2025. 1. -- ISBN 978-7-5026-5464-1

Ⅰ. D922. 17-62

中国国家版本馆 CIP 数据核字第 2024S0412D 号

中国质量标准出版传媒有限公司
中　国　标　准　出　版　社　出版发行
北京市朝阳区和平里西街甲 2 号(100029)
网址:www. spc. net. cn
总编室:(010)68533533　发行中心:(010)51780238
读者服务部:(010)68523946
北京联兴盛业印刷股份有限公司印刷
各地新华书店经销

*

开本 850×1168　1/64　印张 8. 875　字数 224 千字
2025 年 1 月第 8 版　2025 年 1 月第 21 次印刷

*

定价 **40. 00** 元

第八版前言

《计量法规手册》出版以来,受到市场监督管理部门、计量技术机构和企事业单位的广大计量工作者的支持和厚爱。

本手册收录的国家有关计量法律、法规和规章为截至 2024 年 12 月的最新版。此次修订新增了 7 个文件,修改了 11 个文件,替换了 6 个文件,删除了 6 个文件,具体清单详见本手册的附录。

为方便读者使用,有关法律、法规和规章的历次修改内容附在其正文之后且条款修改前后的内容差异用下画线标识。

我们还将继续收录国家有关计量法律、法规和规章,并及时汇编到手册中,以更好地满足计量工作者的需要。

编者

2024 年 12 月

目　　录

中华人民共和国计量法

（1985年9月6日第六届全国人民代表大会常务委员会第十二次会议通过，根据2009年8月27日第十一届全国人民代表大会常务委员会第十次会议《关于修改部分法律的决定》第一次修正，根据2013年12月28日第十二届全国人民代表大会常务委员会第六次会议《关于修改〈中华人民共和国海洋环境保护法〉等七部法律的决定》第二次修正，根据2015年4月24日第十二届全国人民代表大会常务委员会第十四次会议《关于修改〈中华人民共和国计量法〉等五部法律的决定》第三次修正，根据2017年12月27日第十二届全国人民代表大会常务委员会第三十一次会议《关于修改〈中华人民共和国招标投标法〉、〈中华人民共和国计量法〉的决定》第四次修正，根据2018年10月26日第十三届全国人民代表大会常务委员会第六次会议《关于修改〈中华人民共和国野生动物保护法〉等十五部法律的决定》第五次修正）

第一章 总 则

第一条 为了加强计量监督管理，保障国家计量单位制的统一和量值的准确可靠，有利于生产、贸易和科学技术的发展，适应社会主义现代化建设的需要，维护国家、人民的利益，制定本法。

第二条 在中华人民共和国境内，建立计量基准器具、计量标准器具，进行计量检定，制造、修理、销售、使用计量器具，必须遵守本法。

第三条 国家实行法定计量单位制度。

国际单位制计量单位和国家选定的其他计量单位，为国家法定计量单位。国家法定计量单位的名称、符号由国务院公布。

因特殊需要采用非法定计量单位的管理办法，由国务院计量行政部门另行制定。

第四条　国务院计量行政部门对全国计量工作实施统一监督管理。

县级以上地方人民政府计量行政部门对本行政区域内的计量工作实施监督管理。

第二章　计量基准器具、计量标准器具和计量检定

第五条　国务院计量行政部门负责建立各种计量基准器具，作为统一全国量值的最高依据。

第六条　县级以上地方人民政府计量行政部门根据本地区的需要，建立社会公用计量标准器具，经上级人民政府计量行政部门主持考核合格后使用。

第七条　国务院有关主管部门和省、自治区、直辖市人民政府有关主管部门，根据本部门的特殊需要，可以建立本部门使用的计量标准器具，其各项最高计量标准

器具经同级人民政府计量行政部门主持考核合格后使用。

第八条 企业、事业单位根据需要，可以建立本单位使用的计量标准器具，其各项最高计量标准器具经有关人民政府计量行政部门主持考核合格后使用。

第九条 县级以上人民政府计量行政部门对社会公用计量标准器具，部门和企业、事业单位使用的最高计量标准器具，以及用于贸易结算、安全防护、医疗卫生、环境监测方面的列入强制检定目录的工作计量器具，实行强制检定。未按照规定申请检定或者检定不合格的，不得使用。实行强制检定的工作计量器具的目录和管理办法，由国务院制定。

对前款规定以外的其他计量标准器具和工作计量器具，使用单位应当自行定期检定或者送其他计量检定机构检定。

第十条 计量检定必须按照国家计量检定系统表进行。国家计量检定系统表由国务院计量行政部门制定。

计量检定必须执行计量检定规程。国家计量检定规程由国务院计量行政部门制定。没有国家计量检定规程的,由国务院有关主管部门和省、自治区、直辖市人民政府计量行政部门分别制定部门计量检定规程和地方计量检定规程。

第十一条 计量检定工作应当按照经济合理的原则,就地就近进行。

第三章 计量器具管理

第十二条 制造、修理计量器具的企业、事业单位,必须具有与所制造、修理的计量器具相适应的设施、人员和检定仪器设备。

第十三条 制造计量器具的企业、事业单位生产本单位未生产过的计量器具新产品,必须经省级以上人民政府计量行政部门对其样品的计量性能考核合格,方可投入生产。

第十四条 任何单位和个人不得违反规定制造、销售和进口非法定计量单位的计量器具。

第十五条 制造、修理计量器具的企业、事业单位必须对制造、修理的计量器具进行检定，保证产品计量性能合格，并对合格产品出具产品合格证。

第十六条 使用计量器具不得破坏其准确度，损害国家和消费者的利益。

第十七条 个体工商户可以制造、修理简易的计量器具。

个体工商户制造、修理计量器具的范围和管理办法，由国务院计量行政部门制定。

第四章 计量监督

第十八条 县级以上人民政府计量行政部门应当依法对制造、修理、销售、进口和使用计量器具，以及计量检定等相关计量活动进行监督检查。有关单位和个人不得拒绝、阻挠。

第十九条 县级以上人民政府计量行政部门，根据需要设置计量监督员。计量监督员管理办法，由国务院计量行政部门制定。

第二十条 县级以上人民政府计量行政部门可以根据需要设置计量检定机构，或者授权其他单位的计量检定机构，执行强制检定和其他检定、测试任务。

执行前款规定的检定、测试任务的人员，必须经考核合格。

第二十一条 处理因计量器具准确度所引起的纠纷，以国家计量基准器具或者社会公用计量标准器具检定的数据为准。

第二十二条 为社会提供公证数据的产品质量检验机构，必须经省级以上人民政府计量行政部门对其计量检定、测试的能力和可靠性考核合格。

第五章 法律责任

第二十三条 制造、销售未经考核合格的计量器具新产品的，责令停止制造、销售该种新产品，没收违法所得，可以并处罚款。

第二十四条 制造、修理、销售的计量器具不合格的，没收违法所得，可以并处罚款。

第二十五条 属于强制检定范围的计量器具，未按照规定申请检定或者检定不合格继续使用的，责令停止使用，可以并处罚款。

第二十六条 使用不合格的计量器具或者破坏计量器具准确度，给国家和消费者造成损失的，责令赔偿损失，没收计量器具和违法所得，可以并处罚款。

第二十七条 制造、销售、使用以欺骗消费者为目的的计量器具的，没收计量器具和违法所得，处以罚款；情节严重的，并对个人或者单位直接责任人员依照刑法有关规定追究刑事责任。

第二十八条 违反本法规定，制造、修理、销售的计量器具不合格，造成人身伤亡或者重大财产损失的，依照刑法有关规定，对个人或者单位直接责任人员追究刑事责任。

第二十九条 计量监督人员违法失职，情节严重的，依照刑法有关规定追究刑事责任；情节轻微的，给予行政处分。

第三十条 本法规定的行政处罚，由县级以上地方人民政府计量行政部门决定。

第三十一条 当事人对行政处罚决定不服的，可以在接到处罚通知之日起十五日内向人民法院起诉；对罚款、没收违法所得的行政处罚决定期满不起诉又不履行的，由作出行政处罚决定的机关申请人民法院强制执行。

第六章 附 则

第三十二条 中国人民解放军和国防科技工业系统计量工作的监督管理办法，由国务院、中央军事委员会依据本法另行制定。

第三十三条 国务院计量行政部门根据本法制定实施细则，报国务院批准施行。

第三十四条 本法自1986年7月1日起施行。

《中华人民共和国计量法》修改一

1. 2009 年 8 月 27 日中华人民共和国主席令第十八号相关内容

一、删去关于“投机倒把”“投机倒把罪”的规定，将第二十八条修改为：“制造、销售、使用以欺骗消费者为目的的计量器具的，没收计量器具和违法所得，处以罚款；情节严重的，并对个人或者单位直接责任人员依照刑法有关规定追究刑事责任。”

二、将第二十九条中的“依照刑法第×条的规定”“比照刑法第×条的规定”修改为“依照刑法有关规定”。

2. 内容修改对照

第二十八条

改前：制造、销售、使用以欺骗消费者为目的的计量器具的，没收计量器具和违法所得，处以罚款；情节严重的，并对个人或者单位直接责任人员按诈骗罪或者投机倒把罪追究刑事责任。

改后：制造、销售、使用以欺骗消费者为目的的计量器具的，没收计量器具和违法所得，处以罚款；情节严重的，并对个人或者单位直接责任人员依照刑法有关规定追究刑事责任。

第二十九条

改前：违反本法规定，制造、修理、销售的计量器具不合格，造成人身伤亡或者重大财产损失的，比照《刑法》第一百八十七条的规定，对个人或者单位直接责任人员追究刑事责任。

改后：违反本法规定，制造、修理、销售的计量器具不合格，造成人身伤亡或者重大财产损失的，依照刑法有关规定，对个人或者单位直接责任人员追究刑事责任。

《中华人民共和国计量法》修改二

1. 2013年12月28日中华人民共和国主席令第八号相关内容

一、删去第十条第二款中的“并向国务院计量行政部门备案”。

二、将第十四条中的“国务院计量行政部门”修改为“省、自治区、直辖市人民政府计量行政部门”。

2. 内容修改对照

第十条　第二款

改前：计量检定必须执行计量检定规程。国家计量检定规程由国务院计量行政部门制定。没有国家计量检定规程的，由国务院有关主管部门和省、自治区、直辖市人民政府计量行政部门分别制定部门计量检定规程和地方计量检定规程，并向国务院计量行政部门备案。

改后：计量检定必须执行计量检定规

程。国家计量检定规程由国务院计量行政部门制定。没有国家计量检定规程的,由国务院有关主管部门和省、自治区、直辖市人民政府计量行政部门分别制定部门计量检定规程和地方计量检定规程。

第十四条

改前:未经国务院计量行政部门批准,不得制造、销售和进口国务院规定废除的非法定计量单位的计量器具和国务院禁止使用的其他计量器具。

改后:未经省、自治区、直辖市人民政府计量行政部门批准,不得制造、销售和进口国务院规定废除的非法定计量单位的计量器具和国务院禁止使用的其他计量器具。

《中华人民共和国计量法》修改三

1. 2015 年 4 月 24 日中华人民共和国主席令第二十六号相关内容

一、删去第十二条第二款。

二、删去第十六条。

三、将第十八条改为第十七条,第二款修改为:“制造、修理计量器具的个体工商户,必须经县级人民政府计量行政部门考核合格,发给《制造计量器具许可证》或者《修理计量器具许可证》。”

2. 内容修改对照

【删除条款】

第十二条　第二款

制造、修理计量器具的企业未取《制造计量器具许可证》或者《修理计量器具许可证》的,工商行政管理部门不予办理营业执照。

第十六条

进口的计量器具,必须经省级以上人民政府计量行政部门检定合后,方可销售。

【修改条款】

第十八条(改为第十七条)　第二款

改前:制造、修理计量器具的个体工商户,必须经县级人民政府计量行政部门考核合格，发给《制造计量器具许可证》或者《修理计量器具许可证》后，方可向工商行政管理部门申请营业执照。

改后： 制造、修理计量器具的个体工商户，必须经县级人民政府计量行政部门考核合格，发给《制造计量器具许可证》或者《修理计量器具许可证》。

《中华人民共和国计量法》修改四

1. 2017 年 12 月 27 日中华人民共和国主席令第八十六号相关内容

一、将第三条第一款修改为："国家实行法定计量单位制度。"

第三款修改为："因特殊需要采用非法定计量单位的管理办法，由国务院计量行政部门另行制定。"

二、删去第九条第二款中的"县级以上人民政府计量行政部门应当进行监督检查"。

三、将第十二条修改为:“制造、修理计量器具的企业、事业单位,必须具有与所制造、修理的计量器具相适应的设施、人员和检定仪器设备。”

四、将第十四条修改为:“任何单位和个人不得违反规定制造、销售和进口非法定计量单位的计量器具。”

五、删去第十五条第二款。

六、删去第十七条第二款。

七、第四章增加一条作为第十八条:“县级以上人民政府计量行政部门应当依法对制造、修理、销售、进口和使用计量器具,以及计量检定等相关计量活动进行监督检查。有关单位和个人不得拒绝、阻挠。”

八、删去第二十二条。

2. 内容修改对照

【新增条款】

第十八条

县级以上人民政府计量行政部门应当

依法对制造、修理、销售、进口和使用计量器具,以及计量检定等相关计量活动进行监督检查。有关单位和个人不得拒绝、阻挠。

【删除条款】

第十五条　第二款

县级以上人民政府计量行政部门应当对制造、修理的计量器具的质量进行监督检查。

第十七条　第二款

制造、修理计量器具的个体工商户,必须经县级人民政府计量行政部门考核合格,发给《制造计量器具许可证》或者《修理计量器具许可证》。

第二十二条

未取得《制造计量器具许可证》、《修理计量器具许可证》制造或者修理计量器具的,责令停止生产、停止营业,没收违法所得,可以并处罚款。

【修改条款】

第三条

改前: 国家采用国际单位制。

国际单位制计量单位和国家选定的其他计量单位，为国家法定计量单位。国家法定计量单位的名称、符号由国务院公布。

非国家法定计量单位应当废除。废除的办法由国务院制定。

改后：国家实行法定计量单位制度。

国际单位制计量单位和国家选定的其他计量单位，为国家法定计量单位。国家法定计量单位的名称、符号由国务院公布。

因特殊需要采用非法定计量单位的管理办法，由国务院计量行政部门另行制定。

第九条　第二款

改前：对前款规定以外的其他计量标准器具和工作计量器具，使用单位应当自行定期检定或者送其他计量检定机构检定，县级以上人民政府计量行政部门应当进行监督检查。

改后：对前款规定以外的其他计量标准器具和工作计量器具，使用单位应当自行定期检定或者送其他计量检定机构检定。

第十二条

改前：制造、修理计量器具的企业、事业单位，必须具备与所制造、修理的计量器具相适应的设施、人员和检定仪器设备，经县级以上人民政府计量行政部门考核合格，取得《制造计量器具许可证》或者《修理计量器具许可证》。

改后：制造、修理计量器具的企业、事业单位，必须具有与所制造、修理的计量器具相适应的设施、人员和检定仪器设备。

第十四条

改前：未经省、自治区、直辖市人民政府计量行政部门批准，不得制造、销售和进口国务院规定废除的非法定计量单位的计量器具和国务院禁止使用的其他计量器具。

改后：任何单位和个人不得违反规定制造、销售和进口非法定计量单位的计量器具。

《中华人民共和国计量法》修改五

1. 2018年10月26日中华人民共和国主席令第十六号相关内容

删去第三十条中的"本法第二十六条规定的行政处罚，也可以由工商行政管理部门决定。"

2. 内容修改对照

第三十条

改前：本法规定的行政处罚，由县级以上地方人民政府计量行政部门决定。本法第二十六条规定的行政处罚，也可以由工商行政管理部门决定。

改后：本法规定的行政处罚，由县级以上地方人民政府计量行政部门决定。

全国人民代表大会常务委员会关于授权国务院在营商环境创新试点城市暂时调整适用《中华人民共和国计量法》有关规定的决定

（2021 年 10 月 23 日第十三届全国人民代表大会常务委员会第三十一次会议通过）

为进一步转变政府职能，优化营商环境，激发市场活力，第十三届全国人民代表大会常务委员会第三十一次会议决定：授权国务院暂时调整适用《中华人民共和国计量法》的有关规定（目录附后），在北京、上海、重庆、杭州、广州、深圳等 6 个营商环境创新试点城市试行。暂时调整适用的期限为三年，自本决定施行之日起算。国务院应当加强对试点工作的指导、协调和监督，及时总结试点工作经验，并就暂时调整适用有关法律规定的情况向全国人民代表大会常务委员会作出报告。对实践证明可行的，修改完善有关法律；对实践证明不宜调整的，恢复施行有关法律规定。

本决定自公布之日起施行。

授权国务院在营商环境创新试点城市暂时调整适用《中华人民共和国计量法》有关规定目录

<table>
<tr><th>序号</th><th>法律规定</th><th>调整适用内容</th></tr>
<tr><td>1</td><td>《中华人民共和国计量法》
第八条 企业、事业单位根据需要，可以建立本单位使用的计量标准器具，其各项最高计量标准器具经有关人民政府计量行政部门主持考核合格后使用。</td><td rowspan="2">暂时调整适用《中华人民共和国计量法》第八条、第九条第一款的有关规定，对在北京、上海、重庆、杭州、广州、深圳等6个营商环境创新试点城市内的企业内部使用的最高计量标准器具，由企业自主管理，不需计量行政部门考核发证，不再实行强制检定。
调整后，营商环境创新试点城市加强</td></tr>
<tr><td>2</td><td>**第九条第一款** 县级以上人民政府计量行政部门对社会公用计量标准器具，部门和企业、事业单位使用的</td></tr>
</table>

续表

序号	法律规定	调整适用内容
2	最高计量标准器具,以及用于贸易结算、安全防护、医疗卫生、环境监测方面的列入强制检定目录的工作计量器具,实行强制检定。未按照规定申请检定或者检定不合格的,不得使用。实行强制检定的工作计量器具的目录和管理办法,由国务院制定。	对企业自主管理最高计量标准器具的指导和事中事后监管,确保满足计量溯源性要求和计量标准准确。

全国人民代表大会常务委员会关于延长授权国务院在营商环境创新试点城市暂时调整适用《中华人民共和国计量法》有关规定期限的决定

（2024 年 11 月 8 日第十四届全国人民代表大会常务委员会第十二次会议通过）

为进一步转变政府职能，优化营商环境，激发市场活力，深入推进企业内部使用的最高计量标准器具管理模式改革，更好地总结试点经验，第十四届全国人民代表大会常务委员会第十二次会议决定：将 2021 年 10 月 23 日第十三届全国人民代表大会常务委员会第三十一次会议授权国务院在营商环境创新试点城市暂时调整适用《中华人民共和国计量法》有关规定的期限延长三年至2027年10月22日。延长期满，国务院应当就暂时调整适用有关法律规定的情况向全国人民代表大会常务委员会作出报告。对实践证明可行的，修改完善有关法律；对实践证明不宜调整的，恢复施行有关法律规定。

本决定自公布之日起施行。

中华人民共和国计量法实施细则

（1987年1月19日国务院批准，1987年2月1日国家计量局发布，根据2016年2月6日国务院令第666号第一次修订，根据2017年3月1日国务院令第676号第二次修订，根据2018年3月19日国务院令第698号第三次修订，根据2022年3月29日国务院令第752号第四次修订）

第一章　总　　则

第一条　根据《中华人民共和国计量法》的规定，制定本细则。

第二条　国家实行法定计量单位制度。法定计量单位的名称、符号按照国务院关于在我国统一实行法定计量单位的有关规定执行。

第三条 国家有计划地发展计量事业，用现代计量技术装备各级计量检定机构，为社会主义现代化建设服务，为工农业生产、国防建设、科学实验、国内外贸易以及人民的健康、安全提供计量保证，维护国家和人民的利益。

第二章 计量基准器具和计量标准器具

第四条 计量基准器具（简称计量基准，下同）的使用必须具备下列条件：

（一）经国家鉴定合格；

（二）具有正常工作所需要的环境条件；

（三）具有称职的保存、维护、使用人员；

（四）具有完善的管理制度。

符合上述条件的，经国务院计量行政部门审批并颁发计量基准证书后，方可使用。

第五条 非经国务院计量行政部门批准,任何单位和个人不得拆卸、改装计量基准,或者自行中断其计量检定工作。

第六条 计量基准的量值应当与国际上的量值保持一致。国务院计量行政部门有权废除技术水平落后或者工作状况不适应需要的计量基准。

第七条 计量标准器具(简称计量标准,下同)的使用,必须具备下列条件:

(一)经计量检定合格;

(二)具有正常工作所需要的环境条件;

(三)具有称职的保存、维护、使用人员;

(四)具有完善的管理制度。

第八条 社会公用计量标准对社会上实施计量监督具有公证作用。县级以上地方人民政府计量行政部门建立的本行政区域内最高等级的社会公用计量标准,须向上一级人民政府计量行政部门申请考核;其他等级的,由当地人民政府计量行政部门主持考核。

经考核符合本细则第七条规定条件并取得考核合格证的，由当地县级以上人民政府计量行政部门审批颁发社会公用计量标准证书后，方可使用。

第九条 国务院有关主管部门和省、自治区、直辖市人民政府有关主管部门建立的本部门各项最高计量标准，经同级人民政府计量行政部门考核，符合本细则第七条规定条件并取得考核合格证的，由有关主管部门批准使用。

第十条 企业、事业单位建立本单位各项最高计量标准，须向与其主管部门同级的人民政府计量行政部门申请考核。乡镇企业向当地县级人民政府计量行政部门申请考核。经考核符合本细则第七条规定条件并取得考核合格证的，企业、事业单位方可使用，并向其主管部门备案。

第三章 计量检定

第十一条 使用实行强制检定的计量

标准的单位和个人，应当向主持考核该项计量标准的有关人民政府计量行政部门申请周期检定。

使用实行强制检定的工作计量器具的单位和个人，应当向当地县(市)级人民政府计量行政部门指定的计量检定机构申请周期检定。当地不能检定的，向上一级人民政府计量行政部门指定的计量检定机构申请周期检定。

第十二条 企业、事业单位应当配备与生产、科研、经营管理相适应的计量检测设施，制定具体的检定管理办法和规章制度，规定本单位管理的计量器具明细目录及相应的检定周期，保证使用的非强制检定的计量器具定期检定。

第十三条 计量检定工作应当符合经济合理、就地就近的原则，不受行政区划和部门管辖的限制。

第四章 计量器具的制造和修理

第十四条 制造、修理计量器具的企业、事业单位和个体工商户须在固定的场所从事经营，具有符合国家规定的生产设施、检验条件、技术人员等，并满足安全要求。

第十五条 凡制造在全国范围内从未生产过的计量器具新产品，必须经过定型鉴定。定型鉴定合格后，应当履行型式批准手续，颁发证书。在全国范围内已经定型，而本单位未生产过的计量器具新产品，应当进行样机试验。样机试验合格后，发给合格证书。凡未经型式批准或者未取得样机试验合格证书的计量器具，不准生产。

第十六条 计量器具新产品定型鉴定，由国务院计量行政部门授权的技术机构进行；样机试验由所在地方的省级人民政府计量行政部门授权的技术机构进行。

计量器具新产品的型式，由当地省级人民政府计量行政部门批准。省级人民政府计量行政部门批准的型式，经国务院计量行政部门审核同意后，作为全国通用型式。

第十七条　申请计量器具新产品定型鉴定和样机试验的单位，应当提供新产品样机及有关技术文件、资料。

负责计量器具新产品定型鉴定和样机试验的单位，对申请单位提供的样机和技术文件、资料必须保密。

第十八条　对企业、事业单位制造、修理计量器具的质量，各有关主管部门应当加强管理，县级以上人民政府计量行政部门有权进行监督检查，包括抽检和监督试验。凡无产品合格印、证，或者经检定不合格的计量器具，不准出厂。

第五章　计量器具的销售和使用

第十九条　外商在中国销售计量器具，须比照本细则第十五条的规定向国务院计量行政部门申请型式批准。

第二十条　县级以上地方人民政府计量行政部门对当地销售的计量器具实施监督检查。凡没有产品合格印、证标志的计量器具不得销售。

第二十一条 任何单位和个人不得经营销售残次计量器具零配件，不得使用残次零配件组装和修理计量器具。

第二十二条 任何单位和个人不准在工作岗位上使用无检定合格印、证或者超过检定周期以及经检定不合格的计量器具。在教学示范中使用计量器具不受此限。

第六章 计量监督

第二十三条 国务院计量行政部门和县级以上地方人民政府计量行政部门监督和贯彻实施计量法律、法规的职责是：

（一）贯彻执行国家计量工作的方针、政策和规章制度，推行国家法定计量单位；

（二）制定和协调计量事业的发展规划，建立计量基准和社会公用计量标准，组织量值传递；

（三）对制造、修理、销售、使用计量器具实施监督；

（四）进行计量认证，组织仲裁检定，

调解计量纠纷；

（五）监督检查计量法律、法规的实施情况，对违反计量法律、法规的行为，按照本细则的有关规定进行处理。

第二十四条 县级以上人民政府计量行政部门的计量管理人员，负责执行计量监督、管理任务；计量监督员负责在规定的区域、场所巡回检查，并可根据不同情况在规定的权限内对违反计量法律、法规的行为，进行现场处理，执行行政处罚。

计量监督员必须经考核合格后，由县级以上人民政府计量行政部门任命并颁发监督员证件。

第二十五条 县级以上人民政府计量行政部门依法设置的计量检定机构，为国家法定计量检定机构。其职责是：负责研究建立计量基准、社会公用计量标准，进行量值传递，执行强制检定和法律规定的其他检定、测试任务，起草技术规范，为实施计量监督提供技术保证，并承办有关计量监督工作。

第二十六条 国家法定计量检定机构的计量检定人员，必须经考核合格。

计量检定人员的技术职务系列，由国务院计量行政部门会同有关主管部门制定。

第二十七条 县级以上人民政府计量行政部门可以根据需要，采取以下形式授权其他单位的计量检定机构和技术机构，在规定的范围内执行强制检定和其他检定、测试任务：

（一）授权专业性或区域性计量检定机构，作为法定计量检定机构；

（二）授权建立社会公用计量标准；

（三）授权某一部门或某一单位的计量检定机构，对其内部使用的强制检定计量器具执行强制检定；

（四）授权有关技术机构，承担法律规定的其他检定、测试任务。

第二十八条 根据本细则第二十七条规定被授权的单位，应当遵守下列规定：

（一）被授权单位执行检定、测试任务

的人员,必须经考核合格;

(二)被授权单位的相应计量标准,必须接受计量基准或者社会公用计量标准的检定;

(三)被授权单位承担授权的检定、测试工作,须接受授权单位的监督;

(四)被授权单位成为计量纠纷中当事人一方时,在双方协商不能自行解决的情况下,由县级以上有关人民政府计量行政部门进行调解和仲裁检定。

第七章　产品质量检验机构的计量认证

第二十九条　为社会提供公证数据的产品质量检验机构,必须经省级以上人民政府计量行政部门计量认证。

第三十条　产品质量检验机构计量认证的内容:

(一)计量检定、测试设备的性能;

(二)计量检定、测试设备的工作环境和人员的操作技能;

（三）保证量值统一、准确的措施及检测数据公正可靠的管理制度。

第三十一条 产品质量检验机构提出计量认证申请后，省级以上人民政府计量行政部门应指定所属的计量检定机构或者被授权的技术机构按照本细则第三十条规定的内容进行考核。考核合格后，由接受申请的省级以上人民政府计量行政部门发给计量认证合格证书。产品质量检验机构自愿签署告知承诺书并按要求提交材料的，按照告知承诺相关程序办理。未取得计量认证合格证书的，不得开展产品质量检验工作。

第三十二条 省级以上人民政府计量行政部门有权对计量认证合格的产品质量检验机构，按照本细则第三十条规定的内容进行监督检查。

第三十三条 已经取得计量认证合格证书的产品质量检验机构，需新增检验项目时，应按照本细则有关规定，申请单项计量认证。

第八章　计量调解和仲裁检定

第三十四条　县级以上人民政府计量行政部门负责计量纠纷的调解和仲裁检定，并可根据司法机关、合同管理机关、涉外仲裁机关或者其他单位的委托，指定有关计量检定机构进行仲裁检定。

第三十五条　在调解、仲裁及案件审理过程中，任何一方当事人均不得改变与计量纠纷有关的计量器具的技术状态。

第三十六条　计量纠纷当事人对仲裁检定不服的，可以在接到仲裁检定通知书之日起15日内向上一级人民政府计量行政部门申诉。上一级人民政府计量行政部门进行的仲裁检定为终局仲裁检定。

第九章　费　　用

第三十七条　建立计量标准申请考核，使用计量器具申请检定，制造计量器具新产品申请定型和样机试验，以及申请计量认证和仲裁检定，应当缴纳费用，具体收费办法或收费标准，由国务院计量行政部门会同国家财政、物价部门统一制定。

第三十八条 县级以上人民政府计量行政部门实施监督检查所进行的检定和试验不收费。被检查的单位有提供样机和检定试验条件的义务。

第三十九条 县级以上人民政府计量行政部门所属的计量检定机构，为贯彻计量法律、法规，实施计量监督提供技术保证所需要的经费，按照国家财政管理体制的规定，分别列入各级财政预算。

第十章 法律责任

第四十条 违反本细则第二条规定，使用非法定计量单位的，责令其改正；属出版物的，责令其停止销售，可并处1000元以下的罚款。

第四十一条 违反《中华人民共和国计量法》第十四条规定，制造、销售和进口非法定计量单位的计量器具的，责令其停止制造、销售和进口，没收计量器具和全部违法所得，可并处相当其违法所得10%至50%的罚款。

第四十二条 部门和企业、事业单位的各项最高计量标准，未经有关人民政府计量行政部门考核合格而开展计量检定的，责令其停止使用，可并处1000元以下的罚款。

第四十三条 属于强制检定范围的计量器具，未按照规定申请检定和属于非强制检定范围的计量器具未自行定期检定或者送其他计量检定机构定期检定的，以及经检定不合格继续使用的，责令其停止使用，可并处1000元以下的罚款。

第四十四条 制造、销售未经型式批准或样机试验合格的计量器具新产品的，责令其停止制造、销售，封存该种新产品，没收全部违法所得，可并处3000元以下的罚款。

第四十五条 制造、修理的计量器具未经出厂检定或者经检定不合格而出厂的，责令其停止出厂，没收全部违法所得；情节严重的，可并处3000元以下的罚款。

第四十六条 使用不合格计量器具或者破坏计量器具准确度和伪造数据，给国家和消费者造成损失的，责令其赔偿损失，没收计量器具和全部违法所得，可并处2000元以下的罚款。

第四十七条 经营销售残次计量器具零配件的，责令其停止经营销售，没收残次计量器具零配件和全部违法所得，可并处2000元以下的罚款；情节严重的，由工商行政管理部门吊销其营业执照。

第四十八条 制造、销售、使用以欺骗消费者为目的的计量器具的单位和个人，没收其计量器具和全部违法所得，可并处2000元以下的罚款；构成犯罪的，对个人或者单位直接责任人员，依法追究刑事责任。

第四十九条 个体工商户制造、修理国家规定范围以外的计量器具或者不按照规定场所从事经营活动的，责令其停止制造、修理，没收全部违法所得，可并处以500元以下的罚款。

第五十条 未取得计量认证合格证书

的产品质量检验机构，为社会提供公证数据的，责令其停止检验，可并处1000元以下的罚款。

第五十一条 伪造、盗用、倒卖强制检定印、证的，没收其非法检定印、证和全部违法所得，可并处2000元以下的罚款；构成犯罪的，依法追究刑事责任。

第五十二条 计量监督管理人员违法失职，徇私舞弊，情节轻微的，给予行政处分；构成犯罪的，依法追究刑事责任。

第五十三条 负责计量器具新产品定型鉴定、样机试验的单位，违反本细则第十七条第二款规定的，应当按照国家有关规定，赔偿申请单位的损失，并给予直接责任人员行政处分；构成犯罪的，依法追究刑事责任。

第五十四条 计量检定人员有下列行为之一的，给予行政处分；构成犯罪的，依法追究刑事责任：

（一）伪造检定数据的；

（二）出具错误数据，给送检一方造成损失的；

（三）违反计量检定规程进行计量检定的；

（四）使用未经考核合格的计量标准开展检定的；

（五）未经考核合格执行计量检定的。

第五十五条 本细则规定的行政处罚，由县级以上地方人民政府计量行政部门决定。罚款1万元以上的，应当报省级人民政府计量行政部门决定。没收违法所得及罚款一律上缴国库。

本细则第四十六条规定的行政处罚，也可以由工商行政管理部门决定。

第十一章 附 则

第五十六条 本细则下列用语的含义是：

（一）计量器具是指能用以直接或间接测出被测对象量值的装置、仪器仪表、量具和用于统一量值的标准物质，包括计量基准、计量标准、工作计量器具。

（二）计量检定是指为评定计量器具

的计量性能,确定其是否合格所进行的全部工作。

（三）定型鉴定是指对计量器具新产品样机的计量性能进行全面审查、考核。

（四）计量认证是指政府计量行政部门对有关技术机构计量检定、测试的能力和可靠性进行的考核和证明。

（五）计量检定机构是指承担计量检定工作的有关技术机构。

（六）仲裁检定是指用计量基准或者社会公用计量标准所进行的以裁决为目的的计量检定、测试活动。

第五十七条 中国人民解放军和国防科技工业系统涉及本系统以外的计量工作的监督管理,亦适用本细则。

第五十八条 本细则有关的管理办法、管理范围和各种印、证标志,由国务院计量行政部门制定。

第五十九条 本细则由国务院计量行政部门负责解释。

第六十条 本细则自发布之日起施行。

《中华人民共和国计量法实施细则》修改一

1. 2016年2月6日国务院令第666号相关内容

一、删去第十六条中的“后方可申请办理营业执照”。

二、第二十九条第一款中的“县级以上人民政府计量行政部门”修改为“县级以上地方人民政府计量行政部门”。

三、删去第五十条。

2. 内容修改对照

【删除条款】

第五十条

进口计量器具，未经省级以上人民政府计量行政部门检定合格而销售的，责令其停止销售，封存计量器具，没收全部违法所得，可并处其销售额10%至50%的罚款。

【修改条款】

第十六条

改前：制造、修理计量器具的个体工商户，须在固定的场所从事经营。申请《制造计量器具许可证》或者《修理计量器具许可证》，按照本细则第十五条规定的程序办理。凡易地经营的，须经所到地方的人民政府计量行政部门验证核准后方可申请办理营业执照。

改后：制造、修理计量器具的个体工商户，须在固定的场所从事经营。申请《制造计量器具许可证》或者《修理计量器具许可证》，按照本细则第十五条规定的程序办理。凡易地经营的，须经所到地方的人民政府计量行政部门验证核准。

第二十九条　第一款

改前：国家法定计量检定机构的计量检定人员，必须经县级以上人民政府计量行政部门考核合格，并取得计量检定证件。其他单位的计量检定人员，由其主管部门考核发证。无计量检定证件的，不得从事计量检定工作。

改后： 国家法定计量检定机构的计量检定人员，必须经县级以上地方人民政府计量行政部门考核合格，并取得计量检定证件。其他单位的计量检定人员，由其主管部门考核发证。无计量检定证件的，不得从事计量检定工作。

《中华人民共和国计量法实施细则》修改二

1. 2017年3月1日国务院令第676号相关内容

一、将第二十九条第一款修改为："国家法定计量检定机构的计量检定人员，必须经考核合格。"

二、第三十一条第一项修改为："(一)被授权单位执行检定、测试任务的人员，必须经考核合格"。

三、第五十八条第五项修改为："（五）未经考核合格执行计量检定的。"

2. 内容修改对照

第二十九条　第一款

改前：国家法定计量检定机构的计量检定人员，必须经县级以上地方人民政府计量行政部门考核合格，并取得计量检定证件。其他单位的计量检定人员，由其主管部门考核发证。无计量检定证件的，不得从事计量检定工作。

改后：国家法定计量检定机构的计量检定人员，必须经考核合格。

第三十一条　第一项

改前：（一）被授权单位执行检定、测试任务的人员，必须经授权单位考核合格。

改后：（一）被授权单位执行检定、测试任务的人员，必须经考核合格。

第五十八条　第五项

改前：（五）未取得计量检定证件执

行计量检定的。

改后：（五）未经考核合格执行计量检定的。

《中华人民共和国计量法实施细则》修改三

1. 2018年3月19日国务院令第698号相关内容

一、将第二条修改为："国家实行法定计量单位制度。法定计量单位的名称、符号按照国务院关于在我国统一实行法定计量单位的有关规定执行。"

二、删去第十四条、第十五条。

三、第十六条改为第十四条，修改为："制造、修理计量器具的企业、事业单位和个体工商户须在固定的场所从事经营，具有符合国家规定的生产设施、检验条件、技术人员等，并满足安全要求。"

四、删去第十七条。

五、第二十三条改为第二十条，将其中的“凡没有产品合格印、证和《制造计量器具许可证》标志的计量器具不得销售”修改为“凡没有产品合格印、证标志的计量器具不得销售”。

六、第四十条改为第三十七条，删去其中的“制造、修理计量器具申请许可证”。

七、第四十四条改为第四十一条，修改为：“违反《中华人民共和国计量法》第十四条规定，制造、销售和进口非法定计量单位的计量器具的，责令其停止制造、销售和进口，没收计量器具和全部违法所得，可并处相当其违法所得 10% 至 50% 的罚款。”

八、删去第四十七条。

2. 内容修改对照

【删除条款】

第十四条

企业、事业单位申请办理《制造计量器具许可证》，由与其主管部门同级的人民政府计量行政部门进行考核；乡镇企业由当地县级人民政府计量行政部门进行考核。经考核合格，取得《制造计量器具许可证》的，准予使用国家统一规定的标志，有关主管部门方可批准生产。

第十五条

对社会开展经营性修理计量器具的企业、事业单位，办理《修理计量器具许可证》，可直接向当地县（市）级人民政府计量行政部门申请考核。当地不能考核的，可以向上一级地方人民政府计量行政部门申请考核。经考核合格取得《修理计量器具许可证》的，方可准予使用国家统一规定的标志和批准营业。

第十七条

对申请《制造计量器具许可证》和《修理计量器具许可证》的企业、事业单位和个体工商户进行考核的内容为：

（一）生产设施；

（二）出厂检定条件；

（三）人员的技术状况；

（四）有关技术文件和计量规章制度。

第四十七条

未取得《制造计量器具许可证》或者《修理计量器具许可证》制造、修理计量器具的，责令其停止生产、停止营业，封存制造、修理的计量器具，没收全部违法所得，可并处相当其违法所得10%至50%的罚款。

【修改条款】

第二条

改前： 国家实行法定计量单位制度。国家法定计量单位的名称、符号和非国家法定计量单位的废除办法，按照国务院关于在我国统一实行法定计量单位的有关规定执行。

改后： 国家实行法定计量单位制度。法定计量单位的名称、符号按照国务院关于在我国统一实行法定计量单位的有关规定执行。

第十六条（改为第十四条）

改前： 制造、修理计量器具的个体工商户，须在固定的场所从事经营。申请《制造计量器具许可证》或者《修理计量器具许可证》，按照本细则第十五条规定的程序办理。凡易地经营的，须经所到地方的人民政府计量行政部门验证核准。

改后：制造、修理计量器具的企业、事业单位和个体工商户须在固定的场所从事经营，具有符合国家规定的生产设施、检验条件、技术人员等，并满足安全要求。

第二十三条（改为第二十条）

改前：县级以上地方人民政府计量行政部门对当地销售的计量器具实施监督检查。凡没有产品合格印、证和《制造计量器具许可证》标志的计量器具不得销售。

改后：县级以上地方人民政府计量行政部门对当地销售的计量器具实施监督检查。凡没有产品合格印、证标志的计量器具不得销售。

第四十条（改为第三十七条）

改前：建立计量标准申请考核，使用计量器具申请检定，制造计量器具新产品申请定型样机试验，制造、修理计量器具申请许可证，以及申请计量认证和仲裁检定，应当缴纳费用，具体收费办法或收费标准，由国务院计量行政部门会同国家财政、物价部门统一制定。

改后：建立计量标准申请考核，使用计量器具申请检定，制造计量器具新产品申请定型样机试验，以及申请计量认证和仲裁检定，应当缴纳费用，具体收费办法或收费标准，由国务院计量行政部门会同国家财政、物价部门统一制定。

第四十四条（改为第四十一条）

改前：违反《中华人民共和国计量法》第十四条规定，制造、销售和进口国务院规定废除的非法定计量单位的计量器具和国务院禁止使用的其他计量器具的，责令其停止制造、销售和进口，没收计量器具和全部违法所得，可并处相当其违法所得 10% 至 50% 的罚款。

改后：违反《中华人民共和国计量法》第十四条规定，制造、销售和进口非法定计量单位的计量器具的，责令其停止制造、销售和进口，没收计量器具和全部违法所得，可并处相当其违法所得10%至50%的罚款。

《中华人民共和国计量法实施细则》修改四

1. 2022年3月29日国务院令第752号相关内容

将第三十一条修改为“产品质量检验机构提出计量认证申请后，省级以上人民政府计量行政部门应指定所属的计量检定机构或者被授权的技术机构按照本细则第三十条规定的内容进行考核。考核合格后，由接受申请的省级以上人民政府计量行政部门发给计量认证合格证书。产品质量检验机构自愿签署告知承诺书并按要求提交材料的，按照告知承诺相关程序办理。未取得计量认证合格证书的，不得开展产品质量检验工作。”

2. 内容修改对照

第三十一条

改前：产品质量检验机构提出计量认证申请后，省级以上人民政府计量行政部门应指定所属的计量检定机构或者被授权的技术机构按照本细则第三十条规定的内容进行考核。考核合格后，由接受申请的省级以上人民政府计量行政部门发给计量认证合格证书。未取得计量认证合格证书的，不得开展产品质量检验工作。

改后：产品质量检验机构提出计量认证申请后，省级以上人民政府计量行政部门应指定所属的计量检定机构或者被授权的技术机构按照本细则第三十条规定的内容进行考核。考核合格后，由接受申请的省级以上人民政府计量行政部门发给计量认证合格证书。产品质量检验机构自愿签署告知承诺书并按要求提交材料的，按照告知承诺相关程序办理。未取得计量认证合格证书的，不得开展产品质量检验工作。

中华人民共和国计量法条文解释

（1987年5月30日国家计量局发布）

说　　明

《中华人民共和国计量法条文解释》是根据第五届全国人民代表大会常务委员会1981年6月10日《关于加强法律解释工作的决议》第三条制定的。

《中华人民共和国计量法条文解释》是国家计量局对计量法具体应用的正式解释。

第一章　总　　则

第一条　为了加强计量监督管理，保障国家计量单位制的统一和量值的准确可靠，有利于生产、贸易和科学技术的发展，适应社会主义现代化建设的需要，维护国家、人民的利益，制定本法。

1. 本条是对计量法立法宗旨的规定。

2. 制定计量法，是为了加强计量监督管理，健全计量法制。

3. “加强计量监督管理”是要着重解决关系国家计量单位制度的统一和全国量值的准确可靠的问题，也就是解决可能影响生产建设和社会经济秩序，造成损害国家和人民利益的计量问题。这是计量立法的基本点。

4. “保障国家计量单位制的统一和量值的准确可靠”，其最终目的是为了有利于生产、贸易和科学技术的发展，适应社会主义现代化建设的需要，维护国家和人民的利益。

5. “有利于生产、贸易和科学技术的发展，适应社会主义现代化建设的需要”，体现了计量单位制度的统一和量值的准确可靠是社会主义现代化建设的计量保证，体现了计量工作是发展国民经济的一项重要的技术基础。

6."维护国家、人民的利益",体现了制定计量法,加强工业计量和民生计量工作的法制监督,直接关系着国家和消费者的利益,关系着人民健康和生命、财产的安全。

第二条 在中华人民共和国境内,建立计量基准器具、计量标准器具,进行计量检定,制造、修理、销售、使用计量器具,必须遵守本法。

1. 本条是对计量法调整范围的规定,包括适用的地域和调整对象。

2. 适用的地域,即"中华人民共和国境内"。

3. 调整对象,即机关、团体、部队、企业事业单位和个人之间,在建立计量基准器具、计量标准器具,进行计量检定,制造、修理、销售、使用计量器具等方面所发生的各种法律关系。本法有关条款还规定了调整使用计量单位,实施计量监督等方面发生的各种法律关系。

4. 计量器具是指能用以直接或间接测出被测对象量值的装置、仪器仪表、量具和用于统一量值的标准物质,包括计量基准器具、计量标准器具和工作计量器具。

5. 计量基准器具即国家计量基准器具,简称计量基准,是指用以复现和保存计量单位量值,经国务院计量行政部门批准作为统一全国量值最高依据的计量器具。

6. 计量标准器具,简称计量标准,是指准确度低于计量基准的,用于检定其他计量标准或工作计量器具的计量器具。

7. 计量检定是指为评定计量器具的计量性能,确定其是否合格所进行的全部工作。

第三条 国家采用国际单位制。

国际单位制计量单位和国家选定的其他计量单位,为国家法定计量单位。国家法定计量单位的名称、符号由国务院公布。

非国家法定计量单位应当废除。废除的办法由国务院制定。

1. 本条是对我国采用计量单位制度的规定。

2. 我国采用的是国际单位制。

3. 我国允许使用的计量单位是国家法定计量单位。国家法定计量单位,由国际单位制单位和国家选定的非国际单位制单位组成。

4."国家法定计量单位的名称、符号由国务院公布"。国务院1984年2月27日发布的《关于在我国统一实行法定计量单位的命令》,对法定计量单位的名称、符号已作了规定。

5."非国家法定计量单位应当废除。废除的办法由国务院制定"。国务院1984年1月20日批准的《全面推行我国法定计量单位的意见》,对废除的步骤、年限和如何区别不同情况等,已作了规定。

第四条 国务院计量行政部门对全国计量工作实施统一监督管理。

县级以上地方人民政府计量行政部门对本行政区域内的计量工作实施监督管理。

1. 本条是对我国计量监督管理体制、计量监督管理机构及其监督管理职能的规定。

2. 我国是按行政区划实施计量监督管理的,全国计量工作由国务院计量行政部门负责实施统一监督管理。各行政区域内的计量工作由当地人民政府计量行政部门负责监督管理。

3. 县级以上人民政府计量行政部门,是同级人民政府的计量监督管理机构。

4. 县级以上人民政府计量行政部门,除了政府机关的管理职能以外,还要监督本行政区内的机关、团体、部队、企业事业单位和个人遵守与执行计量法律、法规。

5. “县级以上”含县级。

第二章　计量基准器具、计量标准器具和计量检定

第五条　国务院计量行政部门负责建立各种计量基准器具,作为统一全国量值的最高依据。

1. 本条是对计量基准的建立及计量基准法律地位的规定。

2. 计量基准"作为统一全国量值的最高依据",是指全国的各级计量标准和工作计量器具的量值,都要溯源于计量基准。

3. "国务院计量行政部门负责建立",是指国务院计量行政部门根据国家的实际情况和各方面的条件统一规划、组织建立。组织建立的原则:属于基本的、通用的、为各行各业服务的计量基准,建在国家法定计量检定机构;属于专业性强,仅为个别行业所需要,或者工作条件要求特殊的计量基准,可授权其他部门建在有关技术机构。

第六条 县级以上地方人民政府计量行政部门根据本地区的需要,建立社会公用计量标准器具,经上级人民政府计量行政部门主持考核合格后使用。

1. 本条是对社会公用计量标准器具的建立及社会公用计量标准器具法律地位的规定。

2. "社会公用计量标准器具"简称社

会公用计量标准,是指经过政府计量行政部门考核、批准,作为统一本地区量值的依据,在社会上实施计量监督具有公证作用的计量标准。

3. 建立社会公用计量标准,由当地人民政府计量行政部门根据本地区的需要决定,不需经上一级人民政府计量行政部门审批。但建立之后,必须经考核合格才能使用。

4. 本条关于须经上级人民政府计量行政部门主持考核的社会公用计量标准,在具体应用时,是指各地区最高等级的社会公用计量标准。

第七条 国务院有关主管部门和省、自治区、直辖市人民政府有关主管部门,根据本部门的特殊需要,可以建立本部门使用的计量标准器具,其各项最高计量标准器具经同级人民政府计量行政部门主持考核合格后使用。

1. 本条是对省级以上人民政府有关主管部门建立计量标准以及这些计量标准

法律地位的规定。

2. 省级以上人民政府有关主管部门根据本部门的特殊需要建立的计量标准，在本部门内部使用，作为统一本部门量值的依据。

3. “根据本部门的特殊需要”，是指社会公用计量标准不能适应某部门专业特点的特殊需要。

4. 建立本部门的各项最高计量标准，须经同级人民政府计量行政部门主持考核合格后，才能在本部门内开展检定，“主持考核”是指同级人民政府计量行政部门负责组织法定计量检定机构或授权的有关技术机构进行的考核。

第八条 企业、事业单位根据需要，可以建立本单位使用的计量标准器具，其各项最高计量标准器具经有关人民政府计量行政部门主持考核合格后使用。

1. 本条是对企业、事业单位建立计量标准以及这些计量标准法律地位的规定。

2. 企业、事业单位根据生产、科研、经

营管理需要建立的计量标准,在本单位内部使用,作为统一本单位量值的依据。

3. 建立本单位的各项最高计量标准,须经有关人民政府计量行政部门主持考核合格后,才能在本单位内部开展检定。

4. 本条关于须“经有关人民政府计量行政部门主持考核”的规定,在具体应用时,是指须经与企业、事业单位的主管部门同级的人民政府计量行政部门主持考核。但乡镇企业应由当地县级人民政府计量行政部门主持考核。

第九条 县级以上人民政府计量行政部门对社会公用计量标准器具,部门和企业、事业单位使用的最高计量标准器具,以及用于贸易结算、安全防护、医疗卫生、环境监测方面的列入强制检定目录的工作计量器具,实行强制检定。未按照规定申请检定或者检定不合格的,不得使用。实行强制检定的工作计量器具的目录和管理办法,由国务院制定。

对前款规定以外的其他计量标准器具

和工作计量器具，使用单位应当自行定期检定或者送其他计量检定机构检定，县级以上人民政府计量行政部门应当进行监督检查。

1. 本条是对强制检定的计量器具和非强制检定的计量器具检定管理的规定。

2. 社会公用计量标准，部门和企业、事业单位使用的最高计量标准，为强制检定的计量标准。

强制检定的计量标准和强制检定的工作计量器具，统称为强制检定的计量器具。

3. 强制检定是指由县级以上人民政府计量行政部门指定的法定计量检定机构或授权的计量检定机构，对强制检定的计量器具实行的定点定期检定。检定周期由执行强制检定的计量检定机构根据计量检定规程，结合实际使用情况确定。

4. 本条关于县级以上人民政府计量行政部门对强制检定的计量器具实行强制检定的规定，在具体应用时，是指对强制检定的计量标准，由主持考核该项计量标准的有关人民政府计量行政部门指定的计量检定机构进行检定;对强制检定的工作计量器具,由当地县(市)级人民政府计量行政部门指定的计量检定机构进行检定。当地不能检定的,由上一级人民政府计量行政部门指定的计量检定机构进行检定。

5."前款规定以外的其他计量标准器具和工作计量器具",是指除了强制检定的计量器具以外的其他依法管理的计量标准和工作计量器具,即非强制检定的计量器具。

6. 非强制检定是指由使用单位自己依法进行的定期检定,或者本单位不能检定的,送有权对社会开展量值传递工作的其他计量检定机构进行的检定。县级以上人民政府计量行政部门应对其进行监督检查。

7. 强制检定与非强制检定,是对计量器具依法管理的两种形式。不按本条规定进行周期检定的,都要负法律责任。

8.《中华人民共和国强制检定的工作

计量器具检定管理办法》已由国务院发布,并定于1987年7月1日起施行。

第十条 计量检定必须按照国家计量检定系统表进行。国家计量检定系统表由国务院计量行政部门制定。

计量检定必须执行计量检定规程。国家计量检定规程由国务院计量行政部门制定。没有国家计量检定规程的,由国务院有关主管部门和省、自治区、直辖市人民政府计量行政部门分别制定部门计量检定规程和地方计量检定规程,并向国务院计量行政部门备案。

1. 本条是对计量检定所必须依据的技术规范的规定。

2. 国家计量检定系统表是指从计量基准到各等级的计量标准直至工作计量器具的检定程序所作的技术规定,它由文字和框图构成,简称国家计量检定系统。

3. 计量检定规程是指对计量器具的计量性能、检定项目、检定条件、检定方法、检定周期以及检定数据处理等所作的技术规定，包括国家计量检定规程、部门和地方计量检定规程。

4. 国家计量检定规程由国务院计量行政部门制定，在全国范围内施行。没有国家计量检定规程的，国务院有关主管部门可制定部门计量检定规程，在本部门内施行。省、自治区、直辖市人民政府计量行政部门可制定地方计量检定规程，在本行政区内施行。

部门和地方计量检定规程须向国务院计量行政部门备案。

第十一条 计量检定工作应当按照经济合理的原则，就地就近进行。

1. 本条是对实施强制检定和非强制检定所应遵循的原则的规定，也就是对全国量值传递体制的规定。

2. “经济合理”是指进行计量检定，组织量值传递要充分利用现有的计量检定设施，合理地部署计量检定网点。

3. 就地就近进行计量检定，是指组织量值传递不受行政区划和部门管辖的限制。

第三章　计量器具管理

第十二条　制造、修理计量器具的企业、事业单位，必须具备与所制造、修理的计量器具相适应的设施、人员和检定仪器设备，经县级以上人民政府计量行政部门考核合格，取得《制造计量器具许可证》或者《修理计量器具许可证》。

制造、修理计量器具的企业未取得《制造计量器具许可证》或者《修理计量器具许可证》的，工商行政管理部门不予办理营业执照。

1. 本条是对企业、事业单位制造、修理计量器具必须具备的条件和必须履行的法律手续的规定。

2. “相适应的设施、人员和检定仪器设备”，是指与其制造、修理计量器具相适应的生产、检定条件。具体包括生产设施、出厂检定条件、人员技术状况以及有关技术文件和计量规章制度。

3. 我国对制造、修理计量器具实行许

可证制度。对制造、修理计量器具的企业、事业单位进行考核，颁发许可证，是对其制造、修理计量器具资格的计量认证。

4. 企业、事业单位制造计量器具，必须按规定履行法律手续，申请办理制造计量器具许可证。在具体应用本条规定时，企业、事业单位向与其主管部门同级的人民政府计量行政部门申请考核发证。其中乡镇企业向当地县级人民政府计量行政部门申请考核发证。

5. “修理计量器具”是指面向社会开展经营性修理业务。企业、事业单位修理计量器具，必须按规定履行法律手续，申请办理修理计量器具许可证。在具体应用本条规定时，企业、事业单位向当地县（市）级人民政府计量行政部门申请考核发证。当地不能考核的，向上一级地方人民政府计量行政部门申请。

6. 新开业或扩大、改变经营范围制造、修理计量器具的企业单位，应先取得制造、修理计量器具许可证，否则工商行政管理部门不予办理营业执照或扩大、改变经营范围的登记。

第十三条 制造计量器具的企业、事业单位生产本单位未生产过的计量器具新产品,必须经省级以上人民政府计量行政部门对其样品的计量性能考核合格,方可投入生产。

1. 本条是对企业、事业单位制造计量器具新产品必须履行法律手续的规定。

2. “本单位未生产过的计量器具新产品”是指在全国范围内从未生产过的(含对原有产品在结构、性能、材质、技术特征等方面做了重大改进的),或者在全国范围内虽已定型生产,而本单位未生产过的计量器具。

3. 企业、事业单位制造计量器具新产品,必须按规定履行法律手续,向省级以上人民政府计量行政部门申请对其计量器具新产品的样品考核合格,即对计量器具新产品的样品进行定型或样机试验合格。

4. 制造在全国范围内从未生产过的

计量器具新产品，必须进行计量器具新产品定型，包括定型鉴定和型式批准。定型鉴定由国务院计量行政部门授权的技术机构进行；型式批准向当地省级人民政府计量行政部门申请办理。省级人民政府计量行政部门批准的型式，经国务院计量行政部门审核同意后，作为全国通用型式，予以公布。

制造在全国范围内虽已定型生产而本单位未生产过的计量器具新产品，必须进行样机试验。样机试验由所在地方的省级人民政府计量行政部门授权的技术机构进行。

5. 企业、事业单位未履行本条规定的法律手续，不得制造计量器具新产品。

第十四条 未经国务院计量行政部门批准，不得制造、销售和进口国务院规定废除的非法定计量单位的计量器具和国务院禁止使用的其他计量器具。

1. 本条是对我国不准制造、销售和进口的计量器具的规定。

2. 不得制造、销售和进口的计量器具，包括非法定计量单位的计量器具和国务院禁止使用的其他计量器具。

3. “国务院禁止使用的其他计量器具”是指经实践证明结构不合理或计量性能已不符合法制管理要求，由国务院明令禁止的计量器具。

4. 因特殊需要，必须制造、销售或进口非法定计量单位的计量器具和国务院禁止使用的其他计量器具，本条规定由国务院计量行政部门审核、批准。

特殊需要，是指在用英制设备需要的一部分英制计量器具，以及应外商要求需要制造出口的非法定计量单位的计量器具和国务院明令禁止的计量器具等。

第十五条 制造、修理计量器具的企业、事业单位必须对制造、修理的计量器具进行检定，保证产品计量性能合格，并对合格产品出具产品合格证。

县级以上人民政府计量行政部门应当对制造、修理的计量器具的质量进行监督检查。

1. 本条是对保证制造、修理计量器具的质量的规定。

2. 制造、修理计量器具的企业、事业单位应对制造、修理计量器具的质量负责。

“必须对制造、修理的计量器具进行检定”，是指必须对制造、修理的计量器具按计量检定规程执行“出厂检定”。

“保证产品计量性能合格”，是指保证制造、修理的计量器具的质量符合计量检定规程的要求。

“出具产品合格证”，是指对制造的计量器具出具产品合格证或对修理后的计量器具出具检定合格证。

3. 县级以上人民政府计量行政部门负责对制造、修理计量器具的质量进行监督检查。监督检查的形式，包括抽样检定或监督试验。

第十六条　进口的计量器具，必须经省级以上人民政府计量行政部门检定合格后，方可销售。

1. 本条是对进口以销售为目的的计量器具实施计量法制监督的规定。

2. "进口的计量器具",是指企业、事业单位和个人进口以销售为目的的计量器具。

3. 凡进口以销售为目的的计量器具的单位和个人,必须向所在的省、自治区、直辖市人民政府计量行政部门申请检定,由其指定的计量检定机构执行检定。当地不能检定的,向国务院计量行政部门申请检定。

第十七条 使用计量器具不得破坏其准确度,损害国家和消费者的利益。

1. 本条是对使用计量器具的作弊行为实施计量法制监督的规定。

2. 使用计量器具破坏其准确度是指为牟取非法利益,通过作弊故意使计量器具失准。

第十八条 个体工商户可以制造、修理简易的计量器具。

制造、修理计量器具的个体工商户,必

须经县级人民政府计量行政部门考核合格，发给《制造计量器具许可证》或者《修理计量器具许可证》后，方可向工商行政管理部门申请营业执照。

个体工商户制造、修理计量器具的范围和管理办法，由国务院计量行政部门制定。

1. 本条是对个体工商户制造、修理计量器具的范围和必须履行的法律手续的规定。

2. 国家允许个体工商户制造、修理简易计量器具，简易计量器具是指产品结构简单，制造、修理容易，根据我国当前个体工商户的一般技术水平和生产、检定条件，能够制造、修理并可以保证质量的计量器具。具体范围由国务院计量行政部门制定的《个体工商户制造、修理计量器具管理办法》确定。

3. 制造、修理计量器具的个体工商户，必须按规定履行法律手续，向当地县（市）级人民政府计量行政部门申请考核，办理制造或修理计量器具许可证后，方可向工商行政管理部门申请办理营业执照。

4. 在具体应用本条规定时，“县级人民政府计量行政部门”是指县、旗、市辖区以及不设区的市人民政府计量行政部门。

第四章 计量监督

第十九条 县级以上人民政府计量行政部门，根据需要设置计量监督员。计量监督员管理办法，由国务院计量行政部门制定。

1. 本条是对县级以上人民政府计量行政部门设置计量监督员的规定。

2. 计量监督员是县级以上人民政府计量行政部门任命的具有专门职能的计量执法人员，在规定的区域内执行计量监督任务。

3. 计量监督员的设置及其职责，由国务院计量行政部门制定的《计量监督员管理办法》确定。

第二十条 县级以上人民政府计量行

政部门可以根据需要设置计量检定机构，或者授权其他单位的计量检定机构，执行强制检定和其他检定、测试任务。

执行前款规定的检定、测试任务的人员，必须经考核合格。

1. 本条是对县级以上人民政府计量行政部门实施计量法制监督所需要的计量检定机构和计量检定人员的规定。

2. 县级以上人民政府计量行政部门依法设置的计量检定机构，为国家法定计量检定机构。

3. “计量检定机构”是指承担计量检定工作的有关技术机构。

4. “其他检定、测试任务”，在具体应用时，是指本法规定的计量标准考核，制造、修理计量器具条件的考核，定型鉴定，样机试验，仲裁检定，产品质量检验机构的计量认证，法定计量检定机构进行的非强制检定，以及政府计量行政部门授权的机构面向社会进行的非强制检定。

5. “授权其他单位的计量检定机构，

执行强制检定和其他检定、测试任务”，在具体应用时，采取以下形式：

(1) 授权专业性或区域性计量检定机构，作为法定计量检定机构；

(2) 授权有关技术机构建立社会公用计量标准；

(3) 授权某一部门或某一单位的计量检定机构，对其内部使用的强制检定的计量器具执行强制检定；

(4) 授权有关技术机构，承担法律规定的其他检定、测试任务。

6. 执行强制检定和本条解释的第4项“其他检定、测试任务”的人员，必须经县级以上人民政府计量行政部门考核合格，发给计量检定证件，取得执行检定、测试任务的资格。

第二十一条 处理因计量器具准确度所引起的纠纷，以国家计量基准器具或者社会公用计量标准器具检定的数据为准。

1. 本条是对作为处理计量纠纷所依据的检定数据的规定。

2. 因计量器具准确度所引起的纠纷，为计量纠纷。

3. 以计量基准或社会公用计量标准检定的数据作为处理计量纠纷的依据，具有法律效力。

4. 用计量基准或社会公用计量标准所进行的以裁决为目的的计量检定、测试活动，统称为仲裁检定。

第二十二条 为社会提供公证数据的产品质量检验机构，必须经省级以上人民政府计量行政部门对其计量检定、测试的能力和可靠性考核合格。

1. 本条是对为社会提供公证数据的产品质量检验机构，实施计量法制监督的规定。

2. 省级以上人民政府计量行政部门对产品质量检验机构计量检定、测试的能力和可靠性考核合格，即为产品质量检验机构的计量认证。

3. 对产品质量检验机构的计量认证，是证明其在认证的范围内，具有为社会提供公证数据的资格。

4. 为社会提供公证数据的产品质量检验机构,是指面向社会从事产品质量评价工作的技术机构。

5. 对为社会提供公证数据的产品质量检验机构的计量检定、测试的能力和可靠性的考核,具体包括:

(1)计量检定、测试设备的性能;

(2)计量检定、测试设备的工作环境和人员的操作技能;

(3)保证量值统一、准确的措施及检测数据公正可靠的管理制度。

6. 对产品质量检验机构进行计量认证,由省级以上人民政府计量行政部门负责;具体考核工作,由其指定所属的计量检定机构或授权的技术机构进行。

在具体应用时,属全国性的产品质量检验机构,向国务院计量行政部门申请计量认证;属地方性的产品质量检验机构,向所在的省、自治区、直辖市人民政府计量行政部门申请。

7."必须经省级以上人民政府计量行政部门对其计量检定、测试的能力和可靠性考核合格",是指未取得计量认证合格证书的,不得开展产品质量检验工作。

第五章 法律责任

第二十三条 未取得《制造计量器具许可证》《修理计量器具许可证》制造或者修理计量器具的,责令停止生产、停止营业,没收违法所得,可以并处罚款。

1. 本条是对违反本法第十二条、第十八条的行为,追究行政法律责任的规定。

2. 本条规定的行政处罚适用于制造、修理计量器具的企业、事业单位和个体工商户。其中停止生产的行政处罚,适用于制造计量器具的企业、事业单位和个体工商户;停止营业的行政处罚,适用于修理计量器具的企业、事业单位和个体工商户。

3. 本条规定的各项行政处罚,可单独适用,也可合并适用。

4. 处以停止生产、停止营业的期限,

罚款的限额，没收违法所得和罚款的处理等，按本法《实施细则》或有关管理办法的规定执行。

第二十四条 制造、销售未经考核合格的计量器具新产品的，责令停止制造、销售该种新产品，没收违法所得，可以并处罚款。

1. 本条是对违反本法第十三条的行为，追究行政法律责任的规定。

2. 本条规定的行政处罚适用于制造、销售计量器具的企业、事业单位和个体工商户。

3. “未经考核合格的计量器具新产品”，是指未经省级以上人民政府计量行政部门型式批准或样机试验合格的计量器具新产品。

4. 其他解释内容同本法第二十三条解释的第3、4项。

第二十五条 制造、修理、销售计量器具不合格的，没收违法所得，可以并处罚款。

1. 本条是对违反本法第十五条和销售不合格计量器具的行为，追究行政法律责任的规定。

2. “制造、修理、销售计量器具不合格”，是指出厂或交付用户的计量器具不合格或者没有合格证。

3. 本条规定的行政处罚适用于制造、修理和销售计量器具的企业、事业单位和个体工商户。

4. 其他解释内容同本法第二十三条解释的第3、4项。

第二十六条 属强制检定范围的计量器具，未按照规定申请检定或者检定不合格继续使用的，责令停止使用，可以并处罚款。

1. 本条是对违反本法第九条第一款的行为，追究行政法律责任的规定。

2. “强制检定范围”是指本法第九条第一款规定的范围，其中强制检定的工作计量器具，由《中华人民共和国强制检定的工作计量器具目录》确定。

3.“未按照规定申请检定”，是指未按照本法《实施细则》和《中华人民共和国强制检定的工作计量器具检定管理办法》申请检定，以及未按照地方人民政府计量行政部门实施强制检定的有关规定申请检定。

4. 本条规定的行政处罚适用于使用强制检定的计量器具的任何单位和个人。

5. 其他解释内容同本法第二十三条解释的第3、4项。

第二十七条　使用不合格的计量器具或者破坏计量器具准确度，给国家和消费者造成损失的，责令赔偿损失，没收计量器具和违法所得，可以并处罚款。

1. 本条是对违反本法第十七条和使用不合格的计量器具，给国家和消费者造成损失的行为，追究行政法律责任和民事法律责任的规定。

2. 本条规定的行政处罚适用于任何单位和个人。

3.“使用不合格的计量器具”，是指使

用无检定合格印、证或者超过检定周期，以及经检定不合格的计量器具。

4. 其他解释内容同本法第二十三条解释的第3、4项。

第二十八条 制造、销售、使用以欺骗消费者为目的的计量器具的，没收计量器具和违法所得，处以罚款；情节严重的，并对个人或者单位直接责任人员按诈骗罪或者投机倒把罪追究刑事责任。

1. 本条是对制造、销售、使用以欺骗消费者为目的的计量器具的行为，追究行政法律责任或刑事法律责任的规定。

2. 按本条的规定，情节严重需追究刑事法律责任的，适用《刑法》第一百五十一条、第一百一十七条。

3. 本法涉及的刑法条款：

第一百五十一条　盗窃、诈骗、抢夺公私财物数额较大的，处5年以下有期徒刑、拘役或者管制。

第一百一十七条　违反金融、外汇、金银、工商管理法规，投机倒把，情节严重的，处3年以下有期徒刑或者拘役，可以并处、单处罚金或者没收财产。

4. 其他解释内容同本法第二十三条解释的第3、4项。

第二十九条 违反本法规定，制造、修理、销售的计量器具不合格，造成人身伤亡或者重大财产损失的，比照《刑法》第一百八十七条的规定，对个人或者单位直接责任人员追究刑事责任。

1. 本条是对违反本法第十五条和销售的计量器具不合格，并造成人身伤亡或重大财产损失的行为，追究刑事法律责任的规定。

2. 本条对我国刑法做了补充规定，按本条规定需追究刑事法律责任的，比照《刑法》第一百八十七条执行。

《刑法》第一百八十七条规定，“国家工作人员由于玩忽职守，致使公共财产、国家和人民利益遭受重大损失的，处5年以下有期徒刑或者拘役。”

3. “制造、修理、销售的计量器具不合

格"的含义,同本法第二十五条解释的第2项。

第三十条 计量监督人员违法失职,情节严重的,依照《刑法》有关规定追究刑事责任;情节轻微的,给予行政处分。

1. 本条是对计量执法人员失职的行为,追究行政法律责任和刑事法律责任的规定。

2. 按本条规定需追究刑事法律责任的,适用《刑法》第一百八十七条。

3. 给予行政处分,由违法者所在单位决定或由其上级领导机关决定。

第三十一条 本法规定的行政处罚,由县级以上地方人民政府计量行政部门决定。本法第二十七条规定的行政处罚,也可以由工商行政管理部门决定。

1. 本条是对适用本法各项行政处罚的专门机关的规定。

2. 适用本法各项行政处罚的专门机关是县级以上地方人民政府计量行政部门。

3. 适用本法第二十七条行政处罚的

机关,也可以是工商行政管理部门。

第三十二条 当事人对行政处罚决定不服的,可以在接到处罚通知之日起15日内向人民法院起诉;对罚款、没收违法所得的行政处罚决定期满不起诉又不履行的,由作出行政处罚决定的机关申请人民法院强制执行。

1. 本条是关于当事人对行政处罚决定不服,向人民法院诉讼或强制其履行处罚决定的规定。

2. 本条的含义是当事人对行政处罚不服,允许其向人民法院起诉;对罚款、没收违法所得的行政处罚,如当事人逾期不起诉,则处罚决定生效。对不履行处罚决定的,由作出行政处罚决定的机关申请人民法院强制其执行。

第六章 附 则

第三十三条 中国人民解放军和国防科技工业系统计量工作的监督管理办法,由国务院、中央军事委员会依据本法另行制定。

1. 本条是对制定国防系统计量工作的监督管理办法的规定。

2. 国防系统计量工作的监督管理办法,必须符合本法的规定,以本法为依据。

第三十四条 国务院计量行政部门根据本法制定实施细则,报国务院批准施行。

1. 本条是对制定本法《实施细则》的规定。

2. 本法的《实施细则》授权国务院计量行政部门拟定,报国务院批准后,由国务院计量行政部门发布并在全国施行,具有行政法规的法律效力。

3.《中华人民共和国计量法实施细则》已由国务院批准,于 1987 年 2 月 1 日由国家计量局发布施行。

第三十五条 本法自 1986 年 7 月 1 日起施行。

本条是对本法生效时间的规定,即计量法自 1986 年 7 月 1 日起施行,各条规定生效。

国务院关于在我国统一实行法定计量单位的命令

（1984 年 2 月 27 日国务院发布）

1959 年国务院发布《关于统一计量制度的命令》，确定米制为我国的基本计量制度以来，全国推广米制、改革市制、限制英制和废除旧杂制的工作，取得了显著成绩，为贯彻对外实行开放政策，对内搞活经济的方针，适应我国国民经济、文化教育事业的发展，以及推进科学技术进步和扩大国际经济、文化交流的需要，国务院决定在采用先进的国际单位制的基础上，进一步统一我国的计量单位。经 1984 年 1 月 20 日国务院第 21 次常务会议讨论，通过了国家计量局《关于在我国统一实行法定计量单位的请示报告》《全面推行我国法定计量单位的意见》和《中华人民共和国法定计量单位》。现发布命令如下：

一、我国的计量单位一律采用《中华人民共和国法定计量单位》(附后)。

二、我国目前在人民生活中采用的市制计量单位,可以延续使用到 1990 年,1990 年底以前要完成向国家法定计量单位的过渡。农田土地面积计量单位的改革,要在调查研究的基础上制订改革方案,另行公布。

三、计量单位的改革是一项涉及到各行各业和广大人民群众的事,各地区、各部门务必充分重视,制定积极稳妥的实施计划,保证顺利完成。

四、本命令责成国家计量局负责贯彻执行。

本命令自公布之日起生效,过去颁布的有关规定,与本命令有抵触的,以本命令为准。

附：

中华人民共和国法定计量单位

我国的法定计量单位(以下简称法定单位)包括：

(1) 国际单位制的基本单位(见表1)；

(2) 国际单位制的辅助单位(见表2)；

(3) 国际单位制中具有专门名称的导出单位(见表3)；

(4) 国家选定的非国际单位制单位(见表4)；

(5) 由以上单位所构成的组合形式的单位；

(6) 由词头和以上单位所构成的十进倍数和分数单位(词头见表5)。

法定单位的定义、使用方法等，由国家计量局另行规定。

表 1　国际单位制的基本单位

量的名称	单位名称	单位符号
长　　度	米	m
质　　量	千克(公斤)	kg
时　　间	秒	s
电　　流	安[培]	A
热力学温度	开[尔文]	K
物 质 的 量	摩[尔]	mol
发 光 强 度	坎[德拉]	cd

表 2　国际单位制的辅助单位

量的名称	单位名称	单位符号
平面角	弧　度	rad
立体角	球面度	sr

表 3　国际单位制中具有专门名称的导出单位

量的名称	单位名称	单位符号	其他表示式例
频率	赫[兹]	Hz	s^{-1}
力;重力	牛[顿]	N	$kg \cdot m/s^2$
压力,压强;应力	帕[斯卡]	Pa	N/m^2
能量;功;热	焦[耳]	J	$N \cdot m$
功率;辐射通量	瓦[特]	W	J/s
电荷量	库[仑]	C	$A \cdot s$
电位;电压;电动势	伏[特]	V	W/A

续表

量的名称	单位名称	单位符号	其他表示式例
电容	法[拉]	F	C/V
电阻	欧[姆]	Ω	V/A
电导	西[门子]	S	A/V
磁通量	韦[伯]	Wb	V·s
磁通量密度,磁感应强度	特[斯拉]	T	Wb/m^2
电感	亨[利]	H	Wb/A
摄氏温度	摄氏度	℃	
光通量	流[明]	lm	cd·sr
光照度	勒[克斯]	lx	lm/m^2
放射性活度	贝可[勒尔]	Bq	s^{-1}
吸收剂量	戈[瑞]	Gy	J/kg
剂量当量	希[沃特]	Sv	J/kg

表 4　国家选定的非国际单位制单位

量的名称	单位名称	单位符号	换算关系和说明
时间	分	min	1 min = 60 s
	[小]时	h	1 h = 60 min = 3 600 s
	天(日)	d	1 d = 24 h = 86 400 s
平面角	[角]秒	(″)	1″ = (π/648 000) rad (π 为圆周率)
	[角]分	(′)	1′ = 60″ = (π/10 800) rad
	度	(°)	1° = 60′ = (π/180) rad

续表

量的名称	单位名称	单位符号	换算关系和说明
旋转速度	转每分	r/min	1 r/min=(1/60) s^{-1}
长度	海里	n mile	1 n mile=1 852 m (只用于航行)
速度	节	kn	1 kn =1 n mile/h =(1 852/3 600) m/s (只用于航行)
质量	吨 原子质量单位	t u	1 t=10^3 kg 1 u≈1.660 565 5×10^{-27} kg
体积	升	L,(l)	1 L=1 dm^3=$10^{-3}m^3$
能	电子伏	eV	1 eV≈1.602 189 2×10^{-19}J
级差	分贝	dB	
线密度	特[克斯]	tex	1 tex=1 g/km

表 5　用于构成十进倍数和分数单位的词头

所表示的因数	词头名称	词头符号
10^{18}	艾[可萨]	E
10^{15}	拍[它]	P
10^{12}	太[拉]	T
10^{9}	吉[咖]	G
10^{6}	兆	M
10^{3}	千	k
10^{2}	百	h
10^{1}	十	da
10^{-1}	分	d
10^{-2}	厘	c
10^{-3}	毫	m
10^{-6}	微	μ
10^{-9}	纳[诺]	n
10^{-12}	皮[可]	p

续表

所表示的因数	词头名称	词头符号
10^{-15}	飞[母托]	f
10^{-18}	阿[托]	a

注：1. 周、月、年(年的符号为 a)为一般常用时间单位。

2. [ ]内的字，是在不致混淆的情况下，可以省略的字。

3. ( )内的字为前者的同义语。

4. 角度单位度分秒的符号不处于数字后时，用括弧。

5. 升的符号中，小写字母 l 为备用符号。

6. r 为“转”的符号。

7. 人民生活和贸易中，质量习惯称为重量。

8. 公里为千米的俗称，符号为 km。

9. 10^4 称为万，10^8 称为亿，10^{12} 称为万亿，这类数词的使用不受词头名称的影响，但不应与词头混淆。

全面推行我国法定计量单位的意见

（1984年1月20日国务院第21次常务会议通过，1984年3月9日国家计量局发布）

我国的法定计量单位，是以国际单位制的单位为基础，根据我国的情况，适当增加了一些其他单位构成的。

国际单位制是在米制基础上发展起来的，被称为米制的现代化形式。由于它比较先进、实用、简单、科学，并适用于文化教育、经济建设和科学技术的各个领域，因此，自1960年第11届国际计量大会通过以来，已被世界各国以及国际性组织广泛采用。我国在1977年颁发的《中华人民共和国计量管理条例（试行）》中，已明确规定要逐步采用。

根据党的十二大提出的关于我国经济建设的目标和五届人大五次会议通过的第六个五年计划要点,为推进技术进步,发展国民经济,结合当前使用计量单位的实际情况,吸收世界各国采用国际单位制的经验,在充分准备和广泛宣传的基础上,积极慎重,有计划、有步骤地改革计量单位制,全面地过渡到我国的法定计量单位,是非常必要的。为此,特提出如下规划意见:

(一) 目标

全国于80年代末,基本完成向法定计量单位的过渡,分两个阶段进行:

从1984~1987年年底四年期间,国民经济各主要部门,特别是工业交通、文化教育、宣传出版、科学技术和政府部门,应大体完成其过渡,一般只准使用法定的计量单位。

1990年年底以前,全国各行业应全面完成向法定计量单位的过渡。自1991年1月起,除个别特殊领域外,不允许再使用非法定计量单位。

（二）要求

为了达到上述目标，对各部门、各地区提出以下要求：

1. 政府机关、人民团体、军队以及各企业、事业单位的公文、统计报表，从1986年起必须使用国家规定的法定计量单位。

2. 教育部门“七五”期间要在所有新编教材中普遍使用法定计量单位，必要时可对非法定计量单位予以介绍。

3. 报纸、刊物、图书、广播、电视，从1986年起均要按规定使用法定计量单位；国际新闻使用非我国法定计量单位者，应以法定单位注明发表。

所有再版出版物重新排版时，都要按法定计量单位进行统一修订。古籍、文学书籍不在此列。

4. 科学研究与工程技术部门，应率先使用法定计量单位，从1986年起，凡新制订、修订的各级技术标准（包括国家标准、专业标准及企业标准）、计量检定规程，新撰写的研究报告、学术论文以及技术情报资料等均应使用法定计量单位。允许在法定计量单位之后,将旧单位写在括弧内。

5. 仪器仪表和检测设备的改制

① 新设计制造的仪器设备及其图纸、使用说明书、操作规程、产品铭牌,从1986年起,一律使用法定计量单位。

② 仪器仪表老产品,允许有一个生产过渡时间,但需尽早改为法定计量单位。自1987年起不得再生产非法定计量单位的仪器仪表。

③ 使用中的仪器设备,能通过检修,加以调整或改装的,尽量调整、改装,使其符合法定计量单位的要求;不能调整改装的,在设备更新时解决。在更新之前,使用该设备进行检测所得的结果,应换算为法定计量单位提供使用。

6. 作为计量基准器和计量标准器的仪器设备,是量值传递的依据,在1985年年底以前,应全部满足新、旧两种计量单位检定的要求,所需经费要纳入地区和部门的技术改造计划,并认真落实。

7. 市场贸易也必须逐步使用法定计量单位。允许市制单位使用到1990年年底。

出口商品所用计量单位,可根据合同使用,不受本规定限制。合同中无计量单位规定者,按法定计量单位使用。

8. 农田土地面积单位“亩”的改革,关系到我国土地资源的利用,农业计划的制定,单位面积产量的计算,农作物的征购和科学种田等诸方面,是涉及到几亿农民的大事,应在广泛调查研究的基础上,在适当时候,进行统一改革。

9. 英制单位必须限制使用。

10. 个别科学技术领域中,如有特殊需要,可使用某些非法定计量单位,但必须与有关国际组织规定的名称、符号相一致。

11. 自1986年起新印制的各种票证改用法定计量单位。

(三)措施

1. 在各部门和各省、市、自治区计量机构中应配备专职人员负责本部门、本地区的改制工作。

2. 各地区、各部门要制订本地区、本部门推行法定计量单位的实施计划。国家计量局负责督促检查并给予技术上的协助。

3. 广泛举办推行法定计量单位的专业学习班和普及讲座;编辑出版技术资料、教学挂图、换算手册和有关刊物;会同报刊、广播、电视部门,开展宣传活动,普及有关法定计量单位方面的知识。

4. 组织制订计量仪器设备改制的技术方案。

5. 一般不准进口非法定计量单位的仪器设备。如有特殊需要,须经省、市、自治区以上的政府计量部门批准。

关于改革全国土地面积计量单位的通知

（1990年12月18日经国务院批准，1990年12月28日国家技术监督局、国家土地管理局、农业部颁发施行）

各省、自治区、直辖市及计划单列市人民政府、国务院各部委、各直属机构：

长期以来我国土地面积计量单位沿用市制，即“市亩”“市分”“市厘”等，与国际上通用的土地面积单位不一致，对平方米的换算是循环小数，计算麻烦。而且各地“亩”的实际大小也不一致，加上种种原因，致使我国耕地面积的统计数（14.9亿亩）与概查数（19亿亩）相差很大，所以土地面积计量单位急需统一，急需改革。国务院在1984年2月27日发布的《关于在我国统一实行法定计量单位的命令》中确定,“农田土地面积计量单位的改革,要在调查研究的基础上制订改革方案,另行公布”。经过几年来广泛征求意见和准备,现实国家版图、地区疆域已使用平方公里,耕地面积、林地、草地面积已使用公顷,建筑用地包括农村计算宅基地已开始使用平方米。改革市制土地面积计量单位,已具有一定的社会基础。

为了进一步统一国家土地面积计量单位,适应我国改革开放和社会主义经济建设的需要;逐步使我国土地面积计量单位与国际通用的土地面积计量单位相一致;有利于农业计划的制定和统计工作的科学化、规范化,改革我国市制土地面积计量单位已势在必行。

1990年7月27日国务院第65次常务会议批准了国家技术监督局、国家土地管理局、农业部共同拟定的关于改革我国土地面积计量单位的方案,决定采用以下土地面积计量单位名称:

平方公里(100 万平方米,km^2)

公　　顷(1 万平方米,hm^2)

平 方 米(1 平方米,m^2)

经国务院同意,自 1992 年 1 月 1 日起,在统计工作和对外签约中一律使用规定的土地面积计量单位。

各地区各部门在有条件的地方,经过宣传、试点,可以向农村推广。并与土地调查、科学种田等工作结合进行。

土地面积计量单位的改革,关系到土地资源的管理和利用、农业计划的制定、农作物产量的核算、农业税收、土地征用以及国家统计制度的实施等各方面,是件大事,各地区、各部门要加强宣传并做好各项准备工作,稳步开展。国家将根据实际需要,制定必要的过渡性措施,以保证改革土地面积计量单位的工作顺利进行。

非法定计量单位限制使用管理办法

（2024年3月18日国家市场监督管理总局令第90号公布）

第一条 为了保证国家计量单位制的统一，加强非法定计量单位的使用管理，根据《中华人民共和国计量法》等有关法律、行政法规，制定本办法。

第二条 国家实行法定计量单位制度。

在中华人民共和国境内因特殊需要采用非法定计量单位，适用本办法。

第三条 国际单位制计量单位和国家选定的其他计量单位为国家法定计量单位。除国家法定计量单位以外的其他计量单位为非法定计量单位。

国家明令禁止的非法定计量单位包括用于市场贸易的市制单位，以及国务院公布的其他禁止使用的计量单位。

第四条 国家市场监督管理总局对全国计量单位的使用实施统一监督管理。

县级以上地方市场监督管理部门负责对本行政区域内计量单位的使用实施监督管理。

第五条 任何单位和个人应当按照有关法律法规、强制性标准和计量技术规范的要求正确使用计量单位。

国家明令禁止的非法定计量单位不得使用，其他非法定计量单位应当根据本办法规定限制使用。

第六条 任何单位和个人不得违反本办法制造、销售和进口非法定计量单位的计量器具。

第七条 属于特殊需要的，可以采用非法定计量单位。可采用非法定计量单位的特殊需要清单由国家市场监督管理总局制定发布，并根据社会经济发展需要动态更新。

第八条 符合本办法第七条规定，有下述情形之一的，应当同时注明或者提供相应量的法定计量单位等效值或者换算关系：

（一）在科技文献、新闻报道中使用的；

（二）在产品或者包装物、说明书上使用的；

（三）在进口的工程装备或者计量器具及其技术文件、示值、铭牌上使用的；

（四）日常生活中根据约定俗成的交易习惯使用的。

第九条 县级以上地方市场监督管理部门应当对计量单位使用情况组织开展监督检查，并依法依规公示行政处罚等信息。

县级以上市场监督管理部门、法定计量检定机构、社会团体应当加强对法定计量单位使用的宣传和引导。

第十条 任何单位和个人有权举报违法使用非法定计量单位的行为。

对于举报较多的领域，县级以上市场监督管理部门应当组织开展专项监督检查。

第十一条 违反本办法规定制造、销售和进口非法定计量单位的计量器具的，由县级以上地方市场监督管理部门责令其停止制造、销售和进口，没收计量器具和全部违法所得，可并处相当其违法所得10%至50%的罚款。

第十二条 在本办法第七条规定情形以外使用非法定计量单位的，由县级以上地方市场监督管理部门责令其改正；属于出版物的，责令其停止销售，可并处1000元以下的罚款。

第十三条 未按照本办法第八条规定注明或者提供相应量的法定计量单位等效值或者换算关系的，由县级以上地方市场监督管理部门责令其限期改正；逾期未改或者改正后仍不符合要求的，可处1000元以下的罚款。

第十四条 本办法自2024年6月1日起施行。

市场监管总局关于发布《可采用非法定计量单位的特殊需要清单》的公告

（2024年3月19日国家市场监督管理总局公告2024年第7号发布）

为落实《非法定计量单位限制使用管理办法》（国家市场监督管理总局令第90号），加强非法定计量单位的使用管理，保证国家计量单位制的统一，依据《中华人民共和国计量法》及其实施细则相关规定，市场监管总局制定《可采用非法定计量单位的特殊需要清单》，现予公告，自2024年6月1日起施行。

可采用非法定计量单位的特殊需要清单

一、史料、档案、古籍或其再版物，其中史料、档案应当为 1986 年以前的。

二、文学作品、影视作品中因历史、文化习俗而使用的，或者翻译作品译自原著的。

三、符合下列情形，在科技文献、新闻报道中使用的。

（一）新测量领域出现的不属于国际单位制的新的计量单位；

（二）根据有关国际组织规定的名称、符号，在科技文献中使用的；

（三）新闻报道依据原文翻译的。

四、根据所涉行业相关的国际协定、国际规则、国际惯例，在制造、销售和进口的产品及其包装物、说明书上使用的，以及用于制造此类产品的。

五、根据有关国际协定、国际规则、国

际惯例，开展的航空管理、国际交流等活动中使用的。

六、在国家重大建设项目，国家科技重大专项等重大工程项目或者科技项目中确需进口的工程装备或者计量器具，及其技术文件、示值、铭牌上使用的。

七、进口设备配备英制计量器具且无法替代的。

指进口的成套设备、测量系统、加工中心等大型设备配备非法定计量单位的计量器具，不能更换或没有合适的计量器具替代的。

八、在仅用于出口的商品及其包装物、说明书上使用的。

九、日常生活中根据约定俗成的交易习惯使用，交易双方对所使用的非法定计量单位认知一致，不会因此造成交易损失的。

用于表述西式蛋糕、比萨饼直径长度，电视机、电脑、手机显示屏对角线长度，钻石、宝石的重量，照片和复印纸规格等。

十、法律、行政法规规定的可以使用非法定计量单位的其他情形。

中华人民共和国强制检定的工作计量器具检定管理办法

（1987 年 4 月 15 日国务院发布）

第一条 为适应社会主义现代化建设需要，维护国家和消费者的利益，保护人民健康和生命、财产的安全，加强对强制检定的工作计量器具的管理，根据《中华人民共和国计量法》第九条的规定，制定本办法。

第二条 强制检定是指由县级以上人民政府计量行政部门所属或者授权的计量检定机构，对用于贸易结算、安全防护、医疗卫生、环境监测方面，并列入本办法所附《中华人民共和国强制检定的工作计量器具目录》的计量器具实行定点定期检定。

进行强制检定工作及使用强制检定的

工作计量器具,适用本办法。

第三条 县级以上人民政府计量行政部门对本行政区域内的强制检定工作统一实施监督管理,并按照经济合理、就地就近的原则,指定所属或者授权的计量检定机构执行强制检定任务。

第四条 县级以上人民政府计量行政部门所属计量检定机构,为实施国家强制检定所需要的计量标准和检定设施由当地人民政府负责配备。

第五条 使用强制检定的工作计量器具的单位或者个人,必须按照规定将其使用的强制检定的工作计量器具登记造册,报当地县(市)级人民政府计量行政部门备案,并向其指定的计量检定机构申请周期检定。当地不能检定的,向上一级人民政府计量行政部门指定的计量检定机构申请周期检定。

第六条 强制检定的周期,由执行强制检定的计量检定机构根据计量检定规程确定。

第七条 属于强制检定的工作计量器具，未按照本办法规定申请检定或者经检定不合格的，任何单位或者个人不得使用。

第八条 国务院计量行政部门和各省、自治区、直辖市人民政府计量行政部门应当对各种强制检定的工作计量器具作出检定期限的规定。执行强制检定工作的机构应当在规定期限内按时完成检定。

第九条 执行强制检定的机构对检定合格的计量器具，发给国家统一规定的检定证书、检定合格证或者在计量器具上加盖检定合格印；对检定不合格的，发给检定结果通知书或者注销原检定合格印、证。

第十条 县级以上人民政府计量行政部门按照有利于管理、方便生产和使用的原则，结合本地区的实际情况，可以授权有关单位的计量检定机构在规定的范围内执行强制检定工作。

第十一条 被授权执行强制检定任务的机构，其相应的计量标准，应当接受计量基准或者社会公用计量标准的检定；执行强制检定的人员，必须经授权单位考核合格；授权单位应当对其检定工作进行监督。

第十二条 被授权执行强制检定任务的机构成为计量纠纷中当事人一方时，按照《中华人民共和国计量法实施细则》的有关规定处理。

第十三条 企业、事业单位应当对强制检定的工作计量器具的使用加强管理，制定相应的规章制度，保证按照周期进行检定。

第十四条 使用强制检定的工作计量器具的任何单位或者个人，计量监督、管理人员和执行强制检定工作的计量检定人员，违反本办法规定的，按照《中华人民共和国计量法实施细则》的有关规定，追究法律责任。

第十五条 执行强制检定工作的机构，违反本办法第八条规定拖延检定期限的，应当按照送检单位的要求，及时安排检定，并免收检定费。

第十六条 国务院计量行政部门可以

根据本办法和《中华人民共和国强制检定的工作计量器具目录》,制定强制检定的工作计量器具的明细目录。

第十七条 本办法由国务院计量行政部门负责解释。

第十八条 本办法自1987年7月1日起施行。

关于国务院已授权我局对《中华人民共和国强制检定的工作计量器具目录》进行调整的通知

（1999年1月20日国家质量技术监督局质技监局政发〔1999〕14号）

各省、自治区、直辖市技术监督局，国务院有关部门，中国人民解放军有关部门：

近年来，随着经济的发展和社会的进步，一些需要纳入强制检定的新的计量器具不断出现，为加强对其实施强制检定的工作，国务院已授权国家质量技术监督局对《中华人民共和国强制检定的工作计量器具目录》进行调整，调整项目报国务院备案后实施。

特此通知。

市场监管总局关于调整实施强制管理的计量器具目录的公告

（2020年10月26日市场监管总局公告2020年第42号发布）

为持续优化营商环境，深入落实“放管服”改革举措，市场监管总局决定调整实施强制管理的计量器具目录。现将调整后的《实施强制管理的计量器具目录》（以下简称《目录》）予以公布。

一、自本公告发布之日起，列入《目录》且监管方式为“型式批准”和“型式批准、强制检定”的计量器具应办理型式批准或者进口计量器具型式批准；其他计量器具不再办理型式批准或者进口计量器具型式批准。

二、自本公告发布之日起，列入《目录》且监管方式为“强制检定”和“型式批准、强制检定”的工作计量器具，使用中应接受强制检定，其他工作计量器具不再实行强制检定，使用者可自行选择非强制检定或者校准的方式，保证量值准确。

三、自本公告发布之日起，各级市场监管部门对不在《目录》型式批准范围内的计量器具，已经受理但尚未完成型式批准的，依法终止行政许可程序；各级计量技术机构对不在《目录》强制检定范围内的工作计量器具，已经受理但尚未完成检定的，继续完成检定工作。

四、根据强制检定的工作计量器具的结构特点和使用状况，强制检定采取以下两种方式：

1. 只做首次强制检定。按实施方式分为：只做首次强制检定，失准报废；只做首次强制检定，限期使用，到期轮换。

2. 进行周期检定。

五、强制检定的工作计量器具的检定

周期,由相应的检定规程确定。凡计量检定规程规定的检定周期做了修订的,应以修订后的检定规程为准。

其中,电动汽车充电桩延期至2023年1月1日起实行强制检定。鼓励各地方对其具体强制检定方式予以探索。

六、强制检定的工作计量器具的强检方式、强检范围及说明见《目录》。

七、自本公告发布之日起,《市场监管总局关于发布实施强制管理的计量器具目录的公告》(2019年第48号)废止,其中第四项废止的相关文件依然废止。

附件:实施强制管理的计量器具目录

附件：

实施强制管理的计量器具目录

一级序号	二级序号	一级目录	二级目录	监管方式	强检方式	强检范围及说明
1	(1)	体温计	体温计	型式批准强制检定	玻璃体温计只做型式批准和首次强制检定，失准报废；其他体温计周期检定	用于医疗卫生：医疗机构对人体温度的测量
2	(2)	非自动衡器	非自动衡器	型式批准强制检定	周期检定	用于贸易结算：商品、包裹、行李、粮食等的称重

续表

一级序号	二级序号	一级目录	二级目录	监管方式	强检方式	强检范围及说明
3	(3)	自动衡器	动态汽车衡（车辆总重计量）	型式批准 强制检定	周期检定	用于安全防护：车辆超限超载的称重 用于贸易结算：商品的称重
4	(4)	轨道衡	轨道衡	型式批准 强制检定	周期检定	用于贸易结算：商品的称重
5	(5)	计量罐	铁路计量罐（车）	强制检定	周期检定	用于贸易结算：液体容积的测量

续表

一级序号	二级序号	一级目录	二级目录	监管方式	强检方式	强检范围及说明
5	(6)	计量罐	船舶液货计量舱(供油船舶计量舱、船舶污油舱、污水舱、运输船舶计量舱5000载重吨以下)	强制检定	周期检定	用于贸易结算:原油、成品油及其他液体或固体容积的测量
	(7)		立式金属罐	强制检定	周期检定	用于贸易结算:液体容积的测量
6	(8)	称重传感器	称重传感器	型式批准	—	—
7	(9)	称重显示器	称重显示器	型式批准	—	—

续表

一级序号	二级序号	一级目录	二级目录	监管方式	强检方式	强检范围及说明
8	(10)	加油机	燃油加油机	型式批准 强制检定	周期检定	用于贸易结算:成品油流量的测量
9	(11)	加气机	液化石油气加气机	型式批准 强制检定	周期检定	用于贸易结算:石油气流量的测量
	(12)		压缩天然气加气机	型式批准 强制检定	周期检定	用于贸易结算:天然气流量的测量
	(13)		液化天然气加气机	型式批准 强制检定	周期检定	用于贸易结算:天然气流量的测量

续表

一级序号	二级序号	一级目录	二级目录	监管方式	强检方式	强检范围及说明
10	(14)	水表	水表 DN15~DN50	型式批准 强制检定	工业用:周期检定 生活用:首次强制检定,限期使用,到期轮换	用于贸易结算:用水量的测量
11	(15)	燃气表	燃气表 G1.6~G16	型式批准 强制检定	工业用:周期检定 生活用:首次强制检定,限期使用,到期轮换	用于贸易结算:煤气(天然气)用量的测量
12	(16)	热能表	热能表 DN15~DN50	型式批准 强制检定	周期检定	用于贸易结算:用热量的测量

续表

一级序号	二级序号	一级目录	二级目录	监管方式	强检方式	强检范围及说明
13	(17)	流量计	流量计(口径范围DN300及以下)	型式批准 强制检定	周期检定	用于贸易结算:液体、气体、蒸汽流量的测量
14	(18)	血压计(表)	无创自动测量血压计	型式批准 强制检定	周期检定	用于医疗卫生:医疗机构对人体血压的测量
	(19)		无创非自动测量血压计	型式批准 强制检定	周期检定	用于医疗卫生:医疗机构对人体血压的测量
15	(20)	眼压计	眼压计	型式批准 强制检定	周期检定	用于医疗卫生:医疗机构对人体眼压的测量

续表

一级序号	二级序号	一级目录	二级目录	监管方式	强检方式	强检范围及说明
16	(21)	压力仪表	指示类压力表、显示类压力表	型式批准 强制检定	周期检定	用于安全防护：1. 电站锅炉主气包和给水压力的测量；2. 固定式空压机风仓及总管压力的测量；3. 发电机、气轮机油压及机车压力的测量；4. 带报警装置压力的测量；5. 密封增压容器压力的测量；6. 有害、有毒、腐蚀性严重介质压力的测量

续表

一级序号	二级序号	一级目录	二级目录	监管方式	强检方式	强检范围及说明
17	(22)	机动车测速仪	机动车测速仪	型式批准强制检定	周期检定	用于安全防护:机动车行驶速度的监测
18	(23)	出租汽车计价器	出租汽车计价器	型式批准强制检定	周期检定	用于贸易结算:出租汽车计时计里程的测量
19	(24)	电能表	电能表	型式批准强制检定	工业用:周期检定 生活用:首次强制检定,限期使用,到期轮换或根据表计状态延期	用于贸易结算:用电量的测量

续表

一级序号	二级序号	一级目录	二级目录	监管方式	强检方式	强检范围及说明
20	（25）	声级计	声级计	型式批准 强制检定	周期检定	用于环境监测：噪声的测量
21	（26）	听力计	纯音听力计	型式批准 强制检定	周期检定	用于医疗卫生：医疗机构对人体听力的测量
	（27）		阻抗听力计	型式批准 强制检定	周期检定	用于医疗卫生：医疗机构对人体听力的测量
22	（28）	焦度计	焦度计	型式批准 强制检定	周期检定	用于医疗卫生：医疗机构、眼镜制配场所对眼镜镜片焦度的测量

续表

一级序号	二级序号	一级目录	二级目录	监管方式	强检方式	强检范围及说明
23	(29)	验光仪器	验光仪、综合验光仪	型式批准 强制检定	周期检定	用于医疗卫生：医疗机构、眼镜制配场所验光使用
	(30)		验光镜片箱	型式批准 强制检定	周期检定	用于医疗卫生：医疗机构、眼镜制配场所验光使用
	(31)		角膜曲率计	型式批准 强制检定	周期检定	用于医疗卫生：医疗机构、眼镜制配场所测量角膜曲率使用

续表

一级序号	二级序号	一级目录	二级目录	监管方式	强检方式	强检范围及说明
24	(32)	糖量计	糖量计	型式批准 强制检定	周期检定	用于贸易结算：制糖原料含糖量的测量
25	(33)	烟尘粉尘测量仪	烟尘采样器	型式批准	—	—
	(34)		粉尘采样器	型式批准	—	—
	(35)		粉尘浓度测量仪	型式批准	—	—

续表

一级序号	二级序号	一级目录	二级目录	监管方式	强检方式	强检范围及说明
26	(36)	颗粒物采样器	颗粒物采样器	型式批准	—	—
27	(37)	大气采样器	大气采样器	型式批准	—	—
28	(38)	透射式烟度计	透射式烟度计	型式批准 强制检定	周期检定	用于环境监测:柴油发动机排放污染物的测量

续表

一级序号	二级序号	一级目录	二级目录	监管方式	强检方式	强检范围及说明
29	(39)	水分测定仪	烘干法水分测定仪	型式批准强制检定	周期检定	用于贸易结算:水分的测量
	(40)		电容法和电阻法谷物水分测定仪	型式批准强制检定	周期检定	用于贸易结算:谷物水分的测量
	(41)		原棉水分测定仪	型式批准强制检定	周期检定	用于贸易结算:水分的测量
30	(42)	呼出气体酒精含量检测仪	呼出气体酒精含量检测仪	型式批准强制检定	周期检定	用于安全防护:对机动车司机是否酒后开车的监测

续表

一级序号	二级序号	一级目录	二级目录	监管方式	强检方式	强检范围及说明
31	(43)	谷物容重器	谷物容重器	强制检定	周期检定	用于贸易结算:谷物收购时定等定价每升重量的测量
32	(44)	乳汁计	乳汁计	强制检定	周期检定	用于贸易结算:乳汁浓度和密度的测量
33	(45)	电动汽车充电桩	电动汽车交(直)流充电桩/非车载支流充电机	强制检定	周期检定	用于贸易结算:向社会提供充电服务的电动汽车充电桩充电量的测量

续表

一级序号	二级序号	一级目录	二级目录	监管方式	强检方式	强检范围及说明
34	（46）	放射治疗用电离室剂量计	放射治疗用电离室剂量计	强制检定	周期检定	用于医疗卫生：医疗机构对人体放射剂量的测量
35	（47）	医用诊断X射线设备	医用诊断X射线设备	强制检定	周期检定	用于医疗卫生：医疗机构对人体进行辐射诊断和治疗
36	（48）	医用活度计	医用活度计	强制检定	周期检定	用于医疗卫生：医疗机构以放射性核素进行诊断和治疗的核素活度的测量

续表

一级序号	二级序号	一级目录	二级目录	监管方式	强检方式	强检范围及说明
37	（49）	心脑电测量仪器	心电图仪	强制检定	周期检定	用于医疗卫生：医疗机构对人体心电位的测量
	（50）		脑电图仪	强制检定	周期检定	用于医疗卫生：医疗机构对人体脑电位的测量
	（51）		多参数监护仪	强制检定	周期检定	用于医疗卫生：医疗机构对人体心电、脉搏、血氧饱和度等测量

续表

一级序号	二级序号	一级目录	二级目录	监管方式	强检方式	强检范围及说明
38	（52）	电力测量用互感器	电力测量用互感器	500kV（含）以下型式批准、强制检定；500kV以上型式批准	周期检定	用于贸易结算：作为电能表的配套设备，对用电量的测量
39	（53）	测绘仪器	手持式激光测距仪	型式批准	—	—
	（54）		全站仪	型式批准	—	—
	（55）		测地型GNSS接收机	型式批准	—	—

续表

一级序号	二级序号	一级目录	二级目录	监管方式	强检方式	强检范围及说明
40	（56）	有毒有害、易燃易爆气体检测（报警）仪	二氧化硫气体检测仪	型式批准	—	—
	（57）		硫化氢气体分析仪	型式批准	—	—
	（58）		一氧化碳检测报警器	型式批准	—	—
	（59）		一氧化碳二氧化碳红外线气体分析器	型式批准	—	—

续表

一级序号	二级序号	一级目录	二级目录	监管方式	强检方式	强检范围及说明
40	（60）	有毒有害、易燃易爆气体检测（报警）仪	烟气分析仪	型式批准	—	—
	（61）		化学发光法氮氧化物分析仪	型式批准	—	—
	（62）		甲烷测定器	型式批准	—	—

中华人民共和国进口计量器具监督管理办法

（1989年10月11日国务院批准，1989年11月4日国家技术监督局令第3号发布，根据2016年2月6日国务院令第666号修改）

第一章　总　　则

第一条　为加强进口计量器具的监督管理，根据《中华人民共和国计量法》和《中华人民共和国计量法实施细则》的有关规定，制定本办法。

第二条　任何单位和个人进口计量器具，以及外商（含外国制造商、经销商，下同）或其代理人在中国销售计量器具，都必须遵守本办法。

第三条 进口计量器具的监督管理，由国务院计量行政部门主管，具体实施由国务院和地方有关部门分工负责。

第二章 进口计量器具的型式批准

第四条 凡进口或外商在中国境内销售列入本办法所附《中华人民共和国进口计量器具型式审查目录》内的计量器具的，应向国务院计量行政部门申请办理型式批准。

属进口的，由外商申请型式批准。

属外商在中国境内销售的，由外商或其代理人申请型式批准。

国务院计量行政部门可根据情况变化对《中华人民共和国进口计量器具型式审查目录》作个别调整。

第五条 外商或其代理人申请型式批准，须向国务院计量行政部门递交型式批准申请书、计量器具样机照片和必要的技术资料。

国务院计量行政部门应根据外商或其代理人递交的资料进行计量法制审查。

第六条 国务院计量行政部门接受申请后,负责安排授权的技术机构进行定型鉴定,并通知外商或其代理人向承担定型鉴定的技术机构提供样机和以下技术资料:

(一)计量器具的技术说明书;

(二)计量器具的总装图、结构图和电路图;

(三)技术标准文件和检验方法;

(四)样机测试报告;

(五)使用说明书。

定型鉴定所需的样机由外商或其代理人无偿提供。海关凭国务院计量行政部门的保函验放并免收关税。样机经鉴定后退还申请人。

第七条 定型鉴定按鉴定大纲进行。鉴定大纲由承担鉴定的技术机构,根据国务院计量行政部门发布的《计量器具定型鉴定技术规范》的要求制定。主要内容包括:外观检查、计量性能考核以及安全性、环境适应性、可靠性和寿命试验等。

第八条 定型鉴定的结果由承担鉴定的技术机构报国务院计量行政部门审核。经审核合格的,由国务院计量行政部门向申请人颁发《中华人民共和国进口计量器具型式批准证书》,并准予在相应的计量器具和包装上使用中华人民共和国进口计量器具型式批准的标志和编号。

第九条 承担定型鉴定的技术机构及其工作人员,对申请人提供的技术资料必须保密。

第十条 有下列情况之一的,经国务院计量行政部门同意,可申请办理临时型式批准,具体办法由国务院计量行政部门规定:

(一) 展览会留购的;

(二) 确属急需的;

(三) 销售量极少的;

(四) 国内暂无定型鉴定能力的。

第十一条 外国制造的计量器具经我

国型式批准后，由国务院计量行政部门予以公布。

第三章　进口计量器具的审批

第十二条　申请进口计量器具，按国家关于进口商品的规定程序进行审批。

负责审批的有关主管部门和归口审查部门，应对申请进口《中华人民共和国依法管理的计量器具目录》内的计量器具进行法定计量单位的审查，对申请进口本办法第四条规定的计量器具审查是否经过型式批准。经审查不合规定的，审批部门不得批准进口，外贸经营单位不得办理订货手续。

海关对进口计量器具凭审批部门的批件验放。

第十三条　因特殊需要，申请进口非法定计量单位的计量器具和国务院禁止使用的其他计量器具，须经省、自治区、直辖市人民政府计量行政部门批准。

第十四条　申请进口非法定计量单位

的计量器具和国务院禁止使用的其他计量器具的单位，应向省、自治区、直辖市人民政府计量行政部门提供以下材料和文件：

（一）申请报告；

（二）计量器具的性能及技术指标；

（三）计量器具的照片和使用说明；

（四）本单位上级主管部门的批件。

第四章　法律责任

第十五条　违反本办法规定，进口非法定计量单位的计量器具或国务院禁止使用的其他计量器具的，按照《中华人民共和国计量法实施细则》第四十四条规定追究法律责任。

第十六条　违反本办法第四条规定，进口或销售未经国务院计量行政部门型式批准的计量器具的，计量行政部门有权封存其计量器具，责令其补办型式批准手续，并可处以相当于进口或销售额30%以下的罚款。

第十七条　承担进口计量器具定型鉴

定的技术机构违反本办法第九条规定的，按照《中华人民共和国计量法实施细则》第五十八条规定追究法律责任。

第五章　附　　则

第十八条　引进成套设备中配套的计量器具以及不以销售为目的的计量器具的监督管理，按国家有关规定办理。

第十九条　与本办法有关的申请书、证书和标志式样，由国务院计量行政部门统一制定。

第二十条　申请进口计量器具的型式批准和定型鉴定，应按国家有关规定缴纳费用。

第二十一条　进口用于统一量值的标准物质的监督管理，可参照本办法执行。

第二十二条　本办法由国务院计量行政部门负责解释。

第二十三条　本办法自发布之日起施行。

《中华人民共和国进口计量器具监督管理办法》修改

1. 2016 年 2 月 6 日国务院令第 666 号相关内容

一、将第十三条、第十四条中的“国务院计量行政部门”修改为“省、自治区、直辖市人民政府计量行政部门”。

二、删去“第四章　进口计量器具的检定”(第十五条、第十六条、第十七条、第十八条)。

三、删去第二十条。

四、第二十五条改为第二十条,修改为:“申请进口计量器具的型式批准和定型鉴定,应按国家有关规定缴纳费用。”

2. 内容修改对照

【删除条款】

第四章　进口计量器具的检定

第十五条

进口以销售为目的的列入《中华人民共和国依法管理的计量器具目录》内的计量器具，在海关验放后，订货单位必须向所在的省、自治区、直辖市人民政府计量行政部门申请检定。当地不能检定的，向国务院计量行政部门申请检定。

第十六条

接受进口计量器具检定申请的政府计量行政部门，应指定计量检定机构及时进行检定。对检定合格的，应由政府计量行政部门出具检定证书、检定合格证或加盖检定合格印，并准予销售。

第十七条

订货单位应将计量行政部门对进口计量器具的检定结果报告所在地区的商检机

构。检定不合格,需要向外索赔的,订货单位应及时向所在地区商检机构申请复验出证。

第十八条

进口不以销售为目的的计量器具,按照国家关于一般进口商品检验工作的管理办法办理。

第二十条

进口计量器具未经省级以上人民政府计量行政部门指定的计量检定机构检定合格而销售的,按照《中华人民共和国计量法实施细则》第五十条规定追究法律责任。

【修改条款】

第十三条

改前:因特殊需要,申请进口非法定计量单位的计量器具和国务院禁止使用的其他计量器具,须经国务院计量行政部门批准。

改后:因特殊需要,申请进口非法定计量单位的计量器具和国务院禁止使用的其他计量器具，须经省、自治区、直辖市人民政府计量行政部门批准。

第十四条

改前： 申请进口非法定计量单位的计量器具和国务院禁止使用的其他计量器具的单位，应向国务院计量行政部门提供以下材料和文件：

（一）申请报告；

（二）计量器具的性能及技术指标；

（三）计量器具的照片和使用说明；

（四）本单位上级主管部门的批件。

改后： 申请进口非法定计量单位的计量器具和国务院禁止使用的其他计量器具的单位，应向省、自治区、直辖市人民政府计量行政部门提供以下材料和文件：

（一）申请报告；

（二）计量器具的性能及技术指标；

（三）计量器具的照片和使用说明；

（四）本单位上级主管部门的批件。

第二十五条(改为第二十条)

改前: 申请进口计量器具的型式批准、定型鉴定和计量检定,应按国家有关规定缴纳费用。

改后: 申请进口计量器具的型式批准和定型鉴定,应按国家有关规定缴纳费用。

中华人民共和国进口计量器具监督管理办法实施细则

（1996 年 6 月 24 日国家技术监督局令第 44 号发布，根据 2015 年 8 月 25 日国家质量技术监督检验检疫总局令第 166 号第一次修订，根据 2018 年 3 月 6 日国家质量监督检验检疫总局令第 196 号第二次修订，根据 2020 年 10 月 23 日国家市场监督管理总局令第 31 号第三次修订）

第一章 总 则

第一条 为了贯彻实施《中华人民共和国进口计量器具监督管理办法》，加强对进口计量器具的监督管理，根据国家计量法律、法规的有关规定，制定本实施细则。

第二条 任何单位和个人进口计量器具，以及外商或者其代理人在中国销售计量器具，必须遵守本实施细则的规定。

《中华人民共和国进口计量器具监督管理办法》(以下简称《办法》)和本实施细则中所称的外商含外国制造商、经销商，以及港、澳、台地区的制造商、经销商。

《办法》和本实施细则中所称的外商代理人含国内经销者。

第三条 对进口计量器具的监督管理范围是《中华人民共和国依法管理的计量器具目录》内的计量器具，其中必须办理型式批准的进口计量器具的范围是《实施强制管理的计量器具目录》内监管方式为型式批准的计量器具。

第四条 国务院计量行政部门对全国的进口计量器具实施统一监督管理。

县级以上政府计量行政部门对本行政区域内的进口计量器具依法实施监督管理。

第五条 各地区、各部门的机电产品进口管理机构和海关等部门在各自的职责范围内对进口计量器具实施管理。

第二章　型式批准

第六条　凡进口或者在中国境内销售列入《实施强制管理的计量器具目录》内监管方式为型式批准的计量器具的，应当向国务院计量行政部门申请办理型式批准。未经型式批准的，不得进口或者销售。

型式批准包括计量法制审查和定型鉴定。

第七条　进口计量器具的型式批准，由外商申请办理。

外商或者其代理人在中国境内销售进口的计量器具的型式批准，由外商或者其代理人申请办理。

第八条　外商或者其代理人向国务院计量行政部门申请型式批准，必须递交以下申请资料：

（一）型式批准申请书；

（二）计量器具样机照片；

（三）计量器具技术说明书（含中文说明）。

第九条 国务院计量行政部门对型式批准的申请资料在十五日内完成计量法制审查，审查的主要内容为：

（一）是否采用我国法定计量单位；

（二）是否属于国务院明令禁止使用的计量器具；

（三）是否符合我国计量法律法规的其他要求。

第十条 国务院计量行政部门在计量法制审查合格后，确定鉴定样机的规格和数量，委托技术机构进行定型鉴定，并通知外商或者其代理人在商定的时间内向该技术机构提供试验样机和下列技术资料：

（一）技术说明；

（二）总装图、主要结构图和电路图；

（三）技术标准文件和检验方法；

（四）样机试验报告；

（五）安全保证说明；

（六）使用说明书；

（七）提供检定和铅封的标志位置说明。

第十一条 外商或者其代理人提供的定型鉴定所需要的样机，由海关在收取相当于税款的保证金后验放或者凭国务院计量行政部门的保函验放并免收关税。

第十二条 承担定型鉴定的技术机构应当在海关限定的保证期限内将样机退还外商或者其代理人并监督办理退关手续。

第十三条 定型鉴定应当按照鉴定大纲进行。鉴定大纲由承担定型鉴定的技术机构根据国家有关计量检定规程、计量技术规范或者参照国际法制计量组织的国际建议（以下简称国际建议）制定。

没有国家有关计量检定规程、计量技术规范或者国际建议的，可以按照合同的有关要求或者明示技术指标制定。

第十四条 定型鉴定的主要内容包括：外观检查，计量性能考核以及安全性、环境适应性、可靠性或者寿命试验等项目。

第十五条 定型鉴定应当在收到样机

后三个月内完成，因特殊情况需要延长时间的，应当报国务院计量行政部门批准。

第十六条 承担定型鉴定的技术机构应当在试验结束后将《定型鉴定结果通知书》、《鉴定大纲》和《计量器具定型注册表》，一式两份报国务院计量行政部门审核。

承担定型鉴定的技术机构应当保留完整的定型鉴定原始资料，保存期为五年。

第十七条 定型鉴定审核合格的，由国务院计量行政部门向申请办理型式批准的外商或者其代理人颁发《中华人民共和国进口计量器具型式批准证书》，并准予其在相应的计量器具产品上和包装上使用进口计量器具型式批准的标志和编号。

定型鉴定审核不合格的，由国务院计量行政部门提出书面意见并通知申请人。

第十八条 有下列情况之一的，可以申请办理临时型式批准：

（一）确属急需的；

（二）销售量极少的；

（三）国内暂无定型鉴定能力的；

（四）展览会留购的；

（五）其它特殊需要的。

第十九条 申请办理第十八条第（一）、（二）、（三）、（五）项所列的临时型式批准的外商或者其代理人，应当向国务院计量行政部门或者其委托的地方政府计量行政部门递交进口计量器具临时型式批准申请表和第八条所列申请资料。

申请办理第十八条第（四）项所列的临时型式批准的外商或者其代理人，应当向当地省级政府计量行政部门或者其委托的地方政府计量行政部门递交进口计量器具临时型式批准申请表和第八条所列申请资料。

第二十条 有权办理临时型式批准证书的政府计量行政部门对递交的临时型式批准申请资料进行计量法制审查，可以安排技术机构进行检定。

第二十一条 临时型式批准审查合格的，由国务院计量行政部门颁发《中华人民共和国进口计量器具临时型式批准证书》;属展览会留购的,由省级政府计量行政部门颁发《中华人民共和国进口计量器具临时型式批准证书》。

临时型式批准证书应当注明批准的数量和有效期限。

第二十二条 承担进口计量器具定型鉴定的技术机构必须经计量考核合格并经国务院计量行政部门授权后方可开展工作。

第二十三条 承担进口计量器具定型鉴定的技术机构及其工作人员,应当对申请人提供的技术资料、样机保密。

参加定型鉴定的人员不得直接从事与其承担项目相同产品的技术咨询和技术开发。

第二十四条 进口计量器具经型式批准后,由国务院计量行政部门予以公布。

第三章 法律责任

第二十五条 违反规定进口或者销售

非法定计量单位的计量器具的，由县级以上政府计量行政部门依照《中华人民共和国计量法实施细则》的规定处罚。

第二十六条 进口或者销售未经国务院计量行政部门型式批准的计量器具的，由县级以上政府计量行政部门依照《中华人民共和国进口计量器具监督管理办法》的规定处罚。

第二十七条 承担进口计量器具定型鉴定的技术机构及其工作人员，违反本实施细则的规定，给申请单位造成损失的，应当按照国家有关规定，赔偿申请单位的损失，并给予直接责任人员行政处分；构成犯罪的，依法追究其刑事责任。

第四章 附 则

第二十八条 省级以上政府计量行政部门对承担进口计量器具定型鉴定的技术机构实施监督管理。

第二十九条 申请进口计量器具的型式批准、定型鉴定，应当按照国家有关规定缴纳费用。

第三十条 进口用于统一量值的标准物质的管理,参照本实施细则执行。

第三十一条 本实施细则由国家市场监督管理总局负责解释。

第三十二条 本实施细则自发布之日起施行。

《中华人民共和国进口计量器具监督管理办法实施细则》修改一

1. 2015年8月25日国家质量监督检验检疫总局令第166号相关内容

一、将第二十八条、第二十九条中的“国务院计量行政部门”修改为:“省、自治区、直辖市人民政府计量行政部门”。

二、删除第四章。

三、删除第四十二条。

四、删除第四十四条中“和检定”。

五、删除第四十五条。

六、删除第四十六条中“和进口检定”。

七、删除第四十七条中“和进口检定”。

2. 内容修改对照

【删除条款】

第四章 进口计量器具的检定

第三十条

列入《中华人民共和国依法管理的计量器具目录》的进口计量器具，在销售之前必须经省级政府计量行政部门检定。当地不能检定的，向国务院计量行政部门申请检定。

未经检定合格的，不得销售。

第三十一条

申请进口计量器具的检定，应当递交以下文件和资料：

（一）进口计量器具检定申请表；

（二）计量器具技术说明书（含中文说明）；

（三）使用说明书；

（四）列入《中华人民共和国进口计量器具型式审查目录》的计量器具，还需递交《中华人民共和国进口计量器具型式批准证书》的复印件或者证明。

第三十二条

受理进口计量器具检定申请的省级以上政府计量行政部门，应当对递交的文件和资料进行书面审查，经审查合格后方能安排检定。

第三十三条

承接进口计量器具检定的技术机构必须经省级以上政府计量行政部门考核合格。

第三十四条

进口计量器具的检定应当按照国家有关计量检定规程、计量技术规范或者参照国际建议进行。没有国家有关计量检定规程、计量技术规范或者国际建议的，可以按照合同的有关要求或者明示技术指标等进行。

第三十五条

进口计量器具的检定内容包括计量器具的外观检查和计量性能考核。

第三十六条

承接进口计量器具检定的技术机构应当对检定合格的进口计量器具出具进口检定合格证书,对不合格的出具进口检定不合格通知书。

进口检定合格证书和不合格通知书加盖省级以上政府计量行政部门进口检定核准印鉴方能有效。

第三十七条

承接进口计量器具检定的技术机构应当保留完整的进口计量器具检定原始资料,保存期 2 年以上。

第三十八条

凡对进口计量器具检定结论有异议的,应当在接到合格证书或者不合格通知书之日起 15 日内向接受申请的省级以上政府计量行政部门申请复检。

对省级政府计量行政部门的复检结论有异议的,应当在接到复检结果通知书之日起 15 日内向国务院计量行政部门申请检定。

国务院计量行政部门的检定结果为最终结论。

第三十九条

用进口零、部件组装的计量器具在国内销售的,应当向制造所在地省级政府计量行政部门申请检定;有出厂检定能力的也可以向省级政府计量行政部门申请《制造计量器具许可证》,经考核发证后,授权制造厂商自行检定。

第四十条

进口不以销售为目的的计量器具,属于《中华人民共和国强制检定的工作计量器具目录》的,应当向当地县级人民政府计量行政部门指定的计量检定机构申请强制检定;属于《中华人民共和国强制检定的工作计量器具目录》以外的,应当自行定期检定或者送其他计量检定机构检定,县级以上人民政府计量行政部门进行监督检查。

第四十二条

进口的计量器具未经省级以上政府计量行政部门委托的技术机构检定合格而销

售的，由县级以上政府计量行政部门责令其停止销售，封存计量器具，没收全部违法所得，可以并处其销售额10%至50%的罚款。

第四十五条

技术机构应当对进口计量器具实行逐台检定，如果需要在索赔期内向商检部门出具验收证书的，可以先按一定比例随机抽查，但是抽取样机不得少于3台，根据抽样结果，向商检部门出具证明。商检验放后，对其他计量器具仍须逐台检定。

【修改条款】

第二十八条

改前：因特殊需要，申请进口非法定计量单位的计量器具和国务院禁止使用的其他计量器具，必须经国务院计量行政部门批准，但是不得在国内销售和转让。

改后：因特殊需要，申请进口非法定计量单位的计量器具和国务院禁止使用的其他计量器具，必须经省、自治区、直辖市人民政府计量行政部门批准，但是不得在国内销售和转让。

第二十九条

改前：申请进口非法定计量单位的计量器具和国务院禁止使用的其他计量器具的，应当向国务院计量行政部门提交以下资料和文件：

（一）说明特殊需要理由的申请报告；

（二）计量器具的性能和技术指标；

（三）计量器具的照片和使用说明书；

（四）本单位上级主管部门的批件。

改后：申请进口非法定计量单位的计量器具和国务院禁止使用的其他计量器具的，应当向省、自治区、直辖市人民政府计量行政部门提交以下资料和文件：

（一）说明特殊需要理由的申请报告；

（二）计量器具的性能和技术指标；

（三）计量器具的照片和使用说明书；

（四）本单位上级主管部门的批件。

第四十四条(改为第三十二条)

改前：承担进口计量器具定型鉴定和检定的技术机构及其工作人员，违反本实施细则的规定,给申请单位造成损失的,应当按照国家有关规定,赔偿申请单位的损失,并给予直接责任人员行政处分;构成犯罪的,依法追究其刑事责任。

改后:承担进口计量器具定型鉴定的技术机构及其工作人员,违反本实施细则的规定,给申请单位造成损失的,应当按照国家有关规定,赔偿申请单位的损失,并给予直接责任人员行政处分;构成犯罪的,依法追究其刑事责任。

第四十六条(改为第三十三条)

改前:省级以上政府计量行政部门对承担进口计量器具定型鉴定和进口检定的技术机构实施监督管理。

改后:省级以上政府计量行政部门对承担进口计量器具定型鉴定的技术机构实施监督管理。

第四十七条(改为第三十四条)

改前:申请进口计量器具的型式批准、定型鉴定和进口检定的,应当按照国家有关规定缴纳费用。

改后：申请进口计量器具的型式批准、定型鉴定的，应当按照国家有关规定缴纳费用。

《中华人民共和国进口计量器具监督管理办法实施细则》修改二

1. 2018年3月6日国家质量监督检验检疫总局令第196号相关内容

一、删除第二十四条第二款。

二、将第三十条修改为："违反本实施细则规定，进口或者销售非法定计量单位的计量器具或者国务院禁止使用的其他计量器具的，由县级以上政府计量行政部门依照《中华人民共和国计量法实施细则》的规定处罚。"

三、将第三十一条修改为："进口或者销售未经国务院计量行政部门型式批准的计量器具的，由县级以上政府计量行政部门依照《中华人民共和国进口计量器具监督管理办法》的规定处罚。”

2. 内容修改对照

【删除条款】

第二十四条　第二款

对于不符合计量法制管理要求和技术落后的进口计量器具，国务院计量行政部门有权废除原批准的型式。

【修改条款】

第三十条

改前：违反本实施细则规定，进口或者销售非法定计量单位的计量器具或者国务院禁止使用的其他计量器具的，由县级以上政府计量行政部门责令其停止进口或者销售，没收计量器具和全部违法所得，可以并处相当其违法所得10%至50%的罚款。

改后：违反本实施细则规定，进口或者销售非法定计量单位的计量器具或者国务院禁止使用的其他计量器具的，由县级以上政府计量行政部门依照《中华人民共和国计量法实施细则》的规定处罚。

第三十一条

改前：进口或者销售未经国务院计量行政部门型式批准的计量器具的，由县级以上政府计量行政部门封存其计量器具、责令外商或者其代理人补办型式批准手续，并可以处以相当于进口或者销售额30%以下的罚款。

改后：进口或者销售未经国务院计量行政部门型式批准的计量器具的，由县级以上政府计量行政部门依照《中华人民共和国进口计量器具监督管理办法》的规定处罚。

《中华人民共和国进口计量器具监督管理办法实施细则》修改三

1. 2020年10月23日国家市场监督管理总局令第31号相关内容

一、将第三条、第六条中的“《中华人民共和国进口计量器具型式审查目录》内”修改为“《实施强制管理的计量器具目录》内监管方式为型式批准”。

二、删去第三章。

三、第三十条改为第二十五条，将其中的“违反本实施细则规定，进口或者销售非法定计量单位的计量器具或者国务院禁止使用的其它计量器具的”修改为“违反规定进口或者销售非法定计量单位的计量器具的”。

四、删去第三十六条。

五、第三十七条改为第三十一条，将其中的“国家技术监督局”修改为“国家市场监督管理总局”。

2. 内容修改对照

【删除条款】

第三章　进口计量器具的审批

第二十五条

申请进口《中华人民共和国依法管理的计量器具目录》所列计量器具的，应当到进口所在地区、部门的机电产品进口管理机构申请登记，并提供符合我国法定计量单位的证明；申请进口《中华人民共和国进口计量器具型式审查目录》所列计量器具的，还应当提供经型式批准的证明。符合我国法定计量单位的证明和经型式批准的证明，可以由政府计量行政部门审查后出具。

第二十六条

机电产品进口管理机构对没有符合法定计量单位或者型式批准证明的，不予批准进口。海关凭各地区、各部门机电产品进口管理机构签发的机电产品进口登记表验放。

第二十七条

对于不符合法定计量单位或者未经型式批准的计量器具，外贸经营单位不得办理订货手续。

第二十八条

因特殊需要，申请进口非法定计量单位的计量器具和国务院禁止使用的其他计量器具，必须经省、自治区、直辖市人民政府计量行政部门批准，但是不得在国内销售和转让。

第二十九条

申请进口非法定计量单位的计量器具和国务院禁止使用的其他计量器具的，应当向省、自治区、直辖市人民政府计量行政部门提交以下资料和文件：

（一）说明特殊需要理由的申请报告；

（二）计量器具的性能和技术指标；

（三）计量器具的照片和使用说明书；

（四）本单位上级主管部门的批件。

第三十六条

本实施细则第二十七条中规定的外贸经营单位的经营行为，视为进口行为，适用《办法》和本实施细则。

【修改条款】

第三条

改前：对进口计量器具的监督管理范围是《中华人民共和国依法管理的计量器具目录》内的计量器具，其中必须办理型式批准的进口计量器具的范围是《中华人民共和国进口计量器具型式审查目录》内的计量器具。

改后：对进口计量器具的监督管理范围是《中华人民共和国依法管理的计量器具目录》内的计量器具，其中必须办理型式批准的进口计量器具的范围是《实施强制管理的计量器具目录》内监管方式为型式批准的计量器具。

第六条

改前：凡进口或者在中国境内销售列入《中华人民共和国进口计量器具型式审查目录》内的计量器具的，应当向国务院计量行政部门申请办理型式批准。未经型式批准的，不得进口或者销售。

型式批准包括计量法制审查和定型鉴定。

改后：凡进口或者在中国境内销售列入《实施强制管理的计量器具目录》内监管方式为型式批准的计量器具的，应当向国务院计量行政部门申请办理型式批准。未经型式批准的，不得进口或者销售。

型式批准包括计量法制审查和定型

鉴定。

第三十条(改为第二十五条)

改前：违反本实施细则规定，进口或者销售非法定计量单位的计量器具或者国务院禁止使用的其它计量器具的，由县级以上政府计量行政部门依照《中华人民共和国计量法实施细则》的规定处罚。

改后：违反规定进口或者销售非法定计量单位的计量器具的，由县级以上政府计量行政部门依照《中华人民共和国计量法实施细则》的规定处罚。

第三十七条(改为第三十一条)

改前：本实施细则由国家技术监督局负责解释。

改后：本实施细则由国家市场监督管理总局负责解释。

国防计量监督管理条例

（1990年4月5日国务院、中央军事委员会令第54号发布）

第一章　总　　则

第一条　为了加强国防计量工作的监督管理，保证军工产品（含航天产品，下同）的量值准确一致，根据《中华人民共和国计量法》第三十三条的规定，制定本条例。

第二条　中国人民解放军和国防科技工业系统的军工产品研制、试验、生产、使用部门和单位（以下简称军工产品研制、试验、生产、使用部门和单位）必须执行本条例。

第三条　国防计量是指军工产品研制、试验、生产、使用全过程中的计量工作。

国防计量工作是国家计量工作的组成部分,在业务上接受国务院计量行政部门的指导。

第四条 国防计量实行国家法定计量单位。对军工产品特殊需要保留的非法定计量单位,由主管部门提出,经国防科学技术工业委员会(以下简称国防科工委)批准,报国务院计量行政部门备案。

第二章 计量机构

第五条 国防科工委计量管理机构,对中国人民解放军和国防科技工业系统国防计量工作实施统一监督管理,其职责是:

(一)贯彻执行国家计量法律、法规,制定国防计量工作方针、政策及规章制度;

(二)编制与组织实施国防计量规划、计划;

(三)负责国防计量考核认可工作,组织建立、调整国防计量管理与量值传递系统;

(四)组织与检查国防计量工作;

(五)组织研讨国内外国防计量新技

术发展动态。

第六条 军工产品研制、试验、生产、使用部门计量管理机构，对本部门(行业)的国防计量工作实施监督管理，其职责是：

(一) 贯彻执行国家计量法律、法规和国防计量工作方针、政策及规章制度，制定本部门(行业)计量工作规章制度；

(二) 编制与组织实施本部门(行业)国防计量规划、计划；

(三) 根据国防科工委计量管理机构授权，负责本部门(行业)国防计量考核认可工作；

(四) 监督检查本部门(行业)的国防计量工作；

(五) 承办国防科工委计量管理机构交办的其他计量工作。

第七条 省、自治区、直辖市主管军工任务的部门的计量管理机构，对本地区的国防计量工作实施监督管理，其职责是：

(一) 贯彻执行国家计量法律、法规和国防计量工作方针、政策及规章制度；

（二）根据国防科工委计量管理机构授权，负责本地区国防计量考核认可工作；

（三）监督检查和协调本地区的国防计量工作；

（四）承办国防科工委计量管理机构交办的其他计量工作。

第八条 国防计量技术机构分为三级：

（一）经国防科工委批准设置的国防计量测试研究中心、计量一级站为一级，负责建立国防特殊需要的最高计量标准器具，负责国防计量量值传递和技术业务工作；

（二）经国防科工委批准设置的国防计量区域计量站、专业计量站和军工产品研制、试验、生产、使用部门批准设置的计量站为二级，接受一级计量技术机构的业务指导，负责建立本地区、本部门的最高计量标准器具，负责本地区、本部门国防计量量值传递和技术业务工作；

（三）经国防科工委计量管理机构考核认可的军工产品研制、试验、生产、使用单位计量技术机构为三级，接受一、二级计量技术机构的业务指导，负责建立本单位最高计量标准器具，负责本单位计量技术业务工作。

第九条 中国人民解放军和国防科技工业系统所属的国防计量技术机构，执行本系统内的强制检定和其他检定测试任务。

军工产品研制、试验、生产、使用部门和单位生产民品的，其各项最高计量标准器具和列入国家强制检定目录的工作计量器具，根据有利生产、方便管理的原则，可由国防计量技术机构执行强制检定，也可按经济合理，就地就近的原则送当地人民政府计量行政部门执行强制检定。

国防计量技术机构承担本系统以外的强制检定和其他检定测试任务，由国防科工委和国务院计量行政部门统筹规划，根据实际需要，按规定分级授权，并接受同级政府计量行政部门的监督。

第三章 计量标准

第十条 一级国防计量技术机构的各

项最高计量标准器具，由国务院计量行政部门组织考核合格后使用。

一级国防计量技术机构的最高计量标准器具，接受国家计量基准器具的量值传递。

第十一条 二级国防计量技术机构的各项最高计量标准器具，由国防科工委计量管理机构组织考核合格后使用，并向国务院计量行政部门备案。

第十二条 三级国防计量技术机构的各项最高计量标准器具，由省、自治区、直辖市主管军工任务的部门的计量管理机构组织考核合格后使用，并向所在省、自治区、直辖市计量行政部门备案。

第四章 计量检定

第十三条 军工产品研制、试验、生产、使用部门和单位的计量标准器具以及用于军工产品质量管理、性能评定、定型鉴定和保证武器使用安全的工作计量器具，必须按规定实行计量检定，检定不合格的，不得使用。

第十四条 国防计量技术机构的计量检定人员,必须经国防科工委计量管理机构或其指定的计量管理机构按技术干部和国家关于计量检定人员的要求组织考核合格。

第十五条 计量检定必须按照国家计量检定系统表和计量检定规程进行。国家未制定计量检定规程的,由国防科工委制定国防计量检定规程,并向国务院计量行政部门备案。

第五章 计量保证与监督

第十六条 军工产品研制、试验、生产、使用部门和单位的计量技术机构的计量标准器具、计量检定人员、环境条件和规章制度,经国防科工委计量管理机构或其指定的机构组织国防计量考核认可并发给证书后,方可承担军工产品研制、试验、生产、使用任务。

第十七条 军工产品研制阶段的计量保证与监督:

（一）大型型号总体应由一名副总设计师兼任型号总计量师；

（二）型号计量师根据型号总体或分系统的技术指标，对型号研制单位计量技术机构提出计量测试的技术指标要求；

（三）型号计量师应提出型号总体或分系统研制过程中需要研制的计量标准器具和专用测试设备的预研课题，并组织落实承担单位及有关条件；

（四）型号研制单位的计量技术机构，根据型号计量师的计量测试技术指标提出可行性论证方案，并组织实施；

（五）军工产品设计定型，应当对定型委员会批准的专用测试设备和计量技术文件（包括计量检定规程）进行验收。

第十八条 军工产品试验阶段的计量保证与监督：

（一）在军工产品试验阶段中，型号计量师应提出型号总体和分系统对计量工作的要求，由相应的国防计量管理机构和技术机构组织实施。

军工产品的计量工作应列入型号的试验大纲或试验计划。

(二) 计量器具和专用测试设备进入试验基地(靶场),必须进行计量复查。

第十九条 军工产品生产阶段的计量保证与监督:

(一) 生产单位必须按照产品的技术标准、工艺规范的要求,配备相应的计量器具的检测手段;

(二) 生产单位计量机构配备的和向使用单位验收代表提供的计量器具和检测手段,生产和使用单位应对其计量性能进行验收。

第二十条 军工产品使用阶段的计量保证与监督:

(一) 军工产品研制单位应当向使用单位提出需要配备的计量测试手段和相应的计量技术文件。使用单位在接收军工产品时,必须对配套的专用测试设备及技术文件进行验收。

(二) 超过存储期需要延寿或进行技

术改进的大型武器系统,必须有计量人员参与技术性能计量保证方案的论证工作。

第二十一条 军工产品的设计定型和生产定型,凡涉及产品技术指标量值的准确度,必须经国防计量技术机构签署意见后,方为有效。

第二十二条 军工产品的质量评定、成果鉴定,必须经相应的国防计量技术机构进行计量审查,在确认测量方法正确、数据准确可靠并签署意见后,其结论方为有效。

用于军工产品质量评定、成果鉴定的计量器具,必须经国防计量技术机构或其认可的其他计量技术机构检定合格,并在检定证书注明的有效期内使用。

第二十三条 引进军事技术和进口武器装备以及重大仪器设备,应同时引进必要的计量测试手段和技术资料。

第六章 附 则

第二十四条 军工产品因计量器具准确度引起的纠纷,由国防计量管理机构组织仲裁检定，并负责处理。

第二十五条 违反本条例的，由国防计量管理机构依照《中华人民共和国计量法》的有关规定进行处理；构成犯罪的，由司法机关依法追究刑事责任。

第二十六条 国防科工委可以根据本条例制定具体实施办法。

第二十七条 本条例由国防科工委负责解释。

第二十八条 本条例自发布之日起施行。1984 年 9 月 10 日国务院、中央军委发布的《国防计量工作管理条例》即行废止。

计量基准管理办法

（2007 年 6 月 6 日国家质量监督检验检疫总局令第 94 号发布，根据 2020 年 10 月 23 日国家市场监督管理总局令第 31 号修订）

第一条 为了加强计量基准管理，根据《中华人民共和国计量法》、《中华人民共和国计量法实施细则》有关规定，制定本办法。

第二条 本办法所称计量基准是指经国家市场监督管理总局（以下简称市场监管总局）批准，在中华人民共和国境内为了定义、实现、保存、复现量的单位或者一个或多个量值，用作有关量的测量标准定值依据的实物量具、测量仪器、标准物质或者测量系统。

第三条 在中华人民共和国境内，建立、保存、维护、改造、使用以及废除计量基准，应当遵守本办法。

第四条 计量基准由市场监管总局根据社会、经济发展和科学技术进步的需要，统一规划，组织建立。

基础性、通用性的计量基准，建立在市场监管总局设置或授权的计量技术机构；专业性强、仅为个别行业所需要，或工作条件要求特殊的计量基准，可以建立在有关部门或者单位所属的计量技术机构。

建立计量基准，可以由相应的计量技术机构向市场监管总局申报。

第五条 计量技术机构申报计量基准，必须按照规定的条件和程序报市场监管总局批准。

第六条 申报计量基准的计量技术机构应当具备以下条件：

（一）能够独立承担法律责任；

（二）具有从事计量基准研究、保存、维护、使用、改造等项工作的专职技术人员和管理人员；

（三）具有保存、维护和改造计量基准装置及正常工作所需实验室环境（包括工作场所、温度、湿度、防尘、防震、防腐蚀、抗干扰等）的条件；

（四）具有保证计量基准量值定期复现和保持计量基准长期可靠稳定运行所需的经费和技术保障能力；

（五）具有相应的质量管理体系；

（六）具备参与国际比对、承担国内比对的主导实验室和进行量值传递工作的技术水平。

第七条 计量技术机构申报计量基准，应当向市场监管总局提供以下文件：

（一）申请报告；

（二）研究报告；

（三）省部级以上有关主管部门主持或认可的科学技术鉴定报告和相应证明文件；

（四）试运行期间的考核报告、复现性和年稳定性运行记录；

（五）检定系统表方案；

（六）计量基准操作手册；

（七）主体设备、附属设备一览表及影像资料。

第八条 市场监管总局可以委托专家组对计量技术机构申报的计量基准进行文件资料审查和现场评审，并由专家组出具评审报告。

文件资料审查和现场评审的内容应当符合本办法第六条和第七条规定要求。

第九条 市场监管总局对专家评审报告进行审核；对审核合格的，批准该项计量基准的建立申报，颁发计量基准证书，并向社会公告。

经批准的计量基准，由提出申报的计量技术机构保存和维护，其负责保存和维护计量基准的实验室为国家计量基准实验室。

第十条 保存、维护计量基准的计量技术机构，应当保证持续满足第六条规定的条件。

第十一条 保存、维护计量基准的计量技术机构，应当定期或不定期进行以下活动：

（一）排除各种事故隐患，以免计量基准失准；

（二）参加国际比对，确保计量基准量值的稳定并与国际上量值的等效一致；

（三）定期进行计量基准单位量值的复现。

对于开展前款规定活动的有关情况，计量技术机构应当及时报告市场监管总局。

第十二条 计量技术机构不得擅自改造、拆迁计量基准；需要改造、拆迁的，应当报市场监管总局批准。

第十三条 计量基准改造、拆迁完成，并通过稳定性运行实验后，需要恢复该计量基准的，计量技术机构应当报市场监管总局批准。

前款规定事项的申请、批准，按本办法第七、八、九条规定执行。

第十四条 对计量基准改值或因相应计量单位改制而改变计量基准的，计量技术机构应当报市场监管总局批准。

第十五条 计量技术机构应当定期检查计量基准的技术状况，保证计量基准正常运行，按规范要求使用计量基准进行量值传递。

对因有关原因造成计量基准用于量值传递中断的，计量技术机构应当向市场监管总局报告。

第十六条 市场监管总局以及保存、维护计量基准的计量技术机构的有关主管部门应当加强对计量基准保存、维护、改造的投入。

第十七条 市场监管总局应当及时废除不适应计量工作需要或者技术水平落后的计量基准，撤销原计量基准证书，并向社会公告。

第十八条 市场监管总局可以对计量基准进行定期复核和不定期监督检查，复核周期一般为5年。

复核和监督检查的内容包括：计量基准的技术状态、运行状况、量值传递情况、人员状况、环境条件、质量体系、经费保障和技术保障状况等。

市场监管总局可以根据复核和监督检查结果，组织或责令有关计量技术机构对有关计量基准进行整改。

第十九条 从事计量基准保存、维护或使用的计量技术机构及其工作人员，不得有下列行为：

（一）利用计量基准进行不正当活动；

（二）未履行计量基准有关报告、批准制度；

（三）故意损坏计量基准设备，致使计量基准量值失准、停用或报废；

（四）不当操作，未履行或未正确履行相关职责，致使计量基准失准、停用或报废；

（五）故意篡改、伪造数据、报告、证书或技术档案等资料；

（六）不当处理、计算、记录数据，造成

报告和证书错误。

违反前款规定的，由市场监管总局责令计量技术机构限期整改；情节严重的，撤销计量基准证书和国家计量基准实验室称号，并对有关责任人予以行政处分；构成犯罪的，依法追究刑事责任。

第二十条 从事计量基准管理的国家工作人员滥用职权、玩忽职守、徇私舞弊，情节轻微的，依法予以行政处分；构成犯罪的，依法追究刑事责任。

第二十一条 本办法由市场监管总局负责解释。

第二十二条 本办法自2007年7月10日起施行。1987年7月10日原国家计量局发布的《计量基准管理办法》同时废止。

《计量基准管理办法》修改

1. 2020年10月23日国家市场监督管理总局令第31号相关内容

一、将第二条中的“国家质量监督检验检疫总局(以下简称国家质检总局)”修改为“国家市场监督管理总局(以下简称市场监管总局)”。

二、将第四条、第五条、第七条、第八条、第九条、第十一条、第十二条、第十三条、第十四条、第十五条、第十六条、第十七条、第十八条、第十九条、第二十一条中的“国家质检总局”修改为“市场监管总局”。

2. 内容修改对照

第二条

改前:本办法所称计量基准是指经国家质量监督检验检疫总局(以下简称国家质检总局)批准,在中华人民共和国境内为了定义、实现、保存、复现量的单位或者一个或多个量值，用作有关量的测量标准定值依据的实物量具、测量仪器、标准物质或者测量系统。

改后：本办法所称计量基准是指经国家市场监督管理总局（以下简称市场监管总局）批准，在中华人民共和国境内为了定义、实现、保存、复现量的单位或者一个或多个量值，用作有关量的测量标准定值依据的实物量具、测量仪器、标准物质或者测量系统。

第四条

改前：计量基准由国家质检总局根据社会、经济发展和科学技术进步的需要，统一规划，组织建立。

基础性、通用性的计量基准，建立在国家质检总局设置或授权的计量技术机构；专业性强、仅为个别行业所需要，或工作条件要求特殊的计量基准，可以建立在有关部门或者单位所属的计量技术机构。

建立计量基准，可以由相应的计量技

术机构向国家质检总局申报。

改后：计量基准由市场监管总局根据社会、经济发展和科学技术进步的需要，统一规划，组织建立。

基础性、通用性的计量基准，建立在市场监管总局设置或授权的计量技术机构；专业性强、仅为个别行业所需要，或工作条件要求特殊的计量基准，可以建立在有关部门或者单位所属的计量技术机构。

建立计量基准，可以由相应的计量技术机构向市场监管总局申报。

第五条

改前：计量技术机构申报计量基准，必须按照规定的条件和程序报国家质检总局批准。

改后：计量技术机构申报计量基准，必须按照规定的条件和程序报市场监管总局批准。

第七条

改前：计量技术机构申报计量基准，应当向国家质检总局提供以下文件：

（一）申请报告；

（二）研究报告；

（三）省部级以上有关主管部门主持或认可的科学技术鉴定报告和相应证明文件；

（四）试运行期间的考核报告、复现性和年稳定性运行记录；

（五）检定系统表方案；

（六）计量基准操作手册；

（七）主体设备、附属设备一览表及影像资料。

改后：计量技术机构申报计量基准，应当向市场监管总局提供以下文件：

（一）申请报告；

（二）研究报告；

（三）省部级以上有关主管部门主持或认可的科学技术鉴定报告和相应证明文件；

（四）试运行期间的考核报告、复现性和年稳定性运行记录；

（五）检定系统表方案；

（六）计量基准操作手册；

（七）主体设备、附属设备一览表及影像资料。

第八条

改前：国家质检总局可以委托专家组对计量技术机构申报的计量基准进行文件资料审查和现场评审，并由专家组出具评审报告。

文件资料审查和现场评审的内容应当符合本办法第六条和第七条规定要求。

改后：市场监管总局可以委托专家组对计量技术机构申报的计量基准进行文件资料审查和现场评审，并由专家组出具评审报告。

文件资料审查和现场评审的内容应当符合本办法第六条和第七条规定要求。

第九条

改前：国家质检总局对专家评审报告进行审核；对审核合格的，批准该项计量基准的建立申报，颁发计量基准证书，并向社会公告。

经批准的计量基准，由提出申报的计量技术机构保存和维护，其负责保存和维护计量基准的实验室为国家计量基准实验室。

改后：市场监管总局对专家评审报告进行审核；对审核合格的，批准该项计量基准的建立申报，颁发计量基准证书，并向社会公告。

经批准的计量基准，由提出申报的计量技术机构保存和维护，其负责保存和维护计量基准的实验室为国家计量基准实验室。

第十一条

改前：保存、维护计量基准的计量技术机构，应当定期或不定期进行以下活动：

（一）排除各种事故隐患，以免计量基准失准；

（二）参加国际比对，确保计量基准量值的稳定并与国际上量值的等效一致；

（三）定期进行计量基准单位量值的复现。

对于开展前款规定活动的有关情况，计量技术机构应当及时报告国家质检总局。

改后：保存、维护计量基准的计量技术机构，应当定期或不定期进行以下活动：

（一）排除各种事故隐患，以免计量基准失准；

（二）参加国际比对，确保计量基准量值的稳定并与国际上量值的等效一致；

（三）定期进行计量基准单位量值的复现。

对于开展前款规定活动的有关情况，计量技术机构应当及时报告市场监管总局。

第十二条

改前：计量技术机构不得擅自改造、拆迁计量基准；需要改造、拆迁的，应当报国家质检总局批准。

改后：计量技术机构不得擅自改造、拆迁计量基准；需要改造、拆迁的，应当报市场监管总局批准。

第十三条

改前：计量基准改造、拆迁完成，并通过稳定性运行实验后，需要恢复该计量基准的，计量技术机构应当报国家质检总局批准。

前款规定事项的申请、批准，按本办法第七、八、九条规定执行。

改后：计量基准改造、拆迁完成，并通过稳定性运行实验后，需要恢复该计量基准的，计量技术机构应当报市场监管总局批准。

前款规定事项的申请、批准，按本办法第七、八、九条规定执行。

第十四条

改前：对计量基准改值或因相应计量单位改制而改变计量基准的，计量技术机构应当报国家质检总局批准。

改后：对计量基准改值或因相应计量单位改制而改变计量基准的，计量技术机构应当报市场监管总局批准。

第十五条

改前：计量技术机构应当定期检查计量基准的技术状况，保证计量基准正常运行，按规范要求使用计量基准进行量值传递。

对因有关原因造成计量基准用于量值传递中断的，计量技术机构应当向国家质检总局报告。

改后：计量技术机构应当定期检查计量基准的技术状况，保证计量基准正常运行，按规范要求使用计量基准进行量值传递。

对因有关原因造成计量基准用于量值传递中断的，计量技术机构应当向市场监管总局报告。

第十六条

改前：国家质检总局以及保存、维护计量基准的计量技术机构的有关主管部门应当加强对计量基准保存、维护、改造的投入。

改后：市场监管总局以及保存、维护计量基准的计量技术机构的有关主管部门应当加强对计量基准保存、维护、改造的投入。

第十七条

改前：国家质检总局应当及时废除不适应计量工作需要或者技术水平落后的计量基准，撤销原计量基准证书，并向社会公告。

改后：市场监管总局应当及时废除不适应计量工作需要或者技术水平落后的计量基准，撤销原计量基准证书，并向社会公告。

第十八条

改前：国家质检总局可以对计量基准进行定期复核和不定期监督检查，复核周期一般为5年。

复核和监督检查的内容包括：计量基准的技术状态、运行状况、量值传递情况、人员状况、环境条件、质量体系、经费保障和技术保障状况等。

国家质检总局可以根据复核和监督检

查结果，组织或责令有关计量技术机构对有关计量基准进行整改。

改后：市场监管总局可以对计量基准进行定期复核和不定期监督检查，复核周期一般为5年。

复核和监督检查的内容包括：计量基准的技术状态、运行状况、量值传递情况、人员状况、环境条件、质量体系、经费保障和技术保障状况等。

市场监管总局可以根据复核和监督检查结果，组织或责令有关计量技术机构对有关计量基准进行整改。

第十九条

改前：从事计量基准保存、维护或使用的计量技术机构及其工作人员，不得有下列行为：

（一）利用计量基准进行不正当活动；

（二）未履行计量基准有关报告、批准制度；

（三）故意损坏计量基准设备，致使计量基准量值失准、停用或报废；

（四）不当操作，未履行或未正确履行相关职责，致使计量基准失准、停用或报废；

（五）故意篡改、伪造数据、报告、证书或技术档案等资料；

（六）不当处理、计算、记录数据，造成报告和证书错误。

违反前款规定的，由国家质检总局责令计量技术机构限期整改；情节严重的，撤销计量基准证书和国家计量基准实验室称号，并对有关责任人予以行政处分；构成犯罪的，依法追究刑事责任。

改后：从事计量基准保存、维护或使用的计量技术机构及其工作人员，不得有下列行为：

（一）利用计量基准进行不正当活动；

（二）未履行计量基准有关报告、批准制度；

（三）故意损坏计量基准设备，致使计量基准量值失准、停用或报废；

（四）不当操作，未履行或未正确履行

相关职责，致使计量基准失准、停用或报废；

（五）故意篡改、伪造数据、报告、证书或技术档案等资料；

（六）不当处理、计算、记录数据，造成报告和证书错误。

违反前款规定的，由市场监管总局责令计量技术机构限期整改；情节严重的，撤销计量基准证书和国家计量基准实验室称号，并对有关责任人予以行政处分；构成犯罪的，依法追究刑事责任。

第二十一条

改前：本办法由国家质检总局负责解释。

改后：本办法由市场监管总局负责解释。

计量标准考核办法

（2005 年 1 月 14 日国家质量监督检验检疫总局令第 72 号发布，根据 2018 年 3 月 6 日国家质量监督检验检疫总局令第 196 号第一次修订，根据 2018 年 12 月 21 日国家市场监督管理总局令第 4 号第二次修订，根据 2020 年 10 月 23 日国家市场监督管理总局令第 31 号第三次修订）

第一条 为实施计量标准考核工作，根据《中华人民共和国计量法》，《中华人民共和国计量法实施细则》的有关规定，制定本办法。

第二条 社会公用计量标准，部门和企业、事业单位的各项最高等级的计量标准，应当按照本办法进行考核。

第三条 本办法所称计量标准考核，

是指市场监督管理部门对计量标准测量能力的评定和开展量值传递资格的确认。计量标准考核包括对新建计量标准的考核和对计量标准的复查考核。

第四条 国家市场监督管理总局统一监督管理全国计量标准考核工作。省级市场监督管理部门负责监督管理本行政区域内计量标准考核工作。

第五条 国家市场监督管理总局组织建立的社会公用计量标准及各省级市场监督管理部门组织建立的各项最高等级的社会公用计量标准,由国家市场监督管理总局主持考核;地(市)、县级市场监督管理部门组织建立的各项最高等级的社会公用计量标准,由上一级市场监督管理部门主持考核;各级地方市场监督管理部门组织建立其他等级的社会公用计量标准,由组织建立计量标准的市场监督管理部门主持考核。

国务院有关部门和省、自治区、直辖市有关部门建立的各项最高等级的计量标准,由同级的市场监督管理部门主持考核。

国务院有关部门所属的企业、事业单位建立的各项最高等级的计量标准,由国家市场监督管理总局主持考核;省、自治区、直辖市有关部门所属的企业、事业单位建立的各项最高等级的计量标准,由当地省级市场监督管理部门主持考核;无主管部门的企业单位建立的各项最高等级的计量标准,由该企业登记注册地的市场监督管理部门主持考核。

第六条 进行计量标准考核,应当考核以下内容:

(一)计量标准器及配套设备齐全,计量标准器必须经法定或者计量授权的计量技术机构检定合格(没有计量检定规程的,应当通过校准、比对等方式,将量值溯源至国家计量基准或者社会公用计量标准),配套的计量设备经检定合格或者校准;

(二)具备开展量值传递的计量检定规程或者技术规范和完整的技术资料;

（三）具备符合计量检定规程或者技术规范并确保计量标准正常工作所需要的温度、湿度、防尘、防震、防腐蚀、抗干扰等环境条件和工作场地；

（四）配备至少两名具有相应能力，并满足有关计量法律法规要求的计量检定或校准人员；

（五）具有完善的运行、维护制度，包括实验室岗位责任制度，计量标准的保存、使用、维护制度，量值溯源制度，原始记录及证书核验制度，事故报告制度，计量标准技术档案管理制度等；

（六）计量标准的稳定性和检定或者校准结果的重复性符合技术要求。

第七条 计量标准考核坚持逐项考评的原则。新建计量标准的考核采取现场考评的方式，并通过现场实验对测量能力进行验证；计量标准的复查考核可以采取现场考评、函审或者现场抽查的方式进行。

第八条 申请新建计量标准考核，申请计量标准考核的单位（以下简称申请考

核单位)应当向主持考核的市场监督管理部门递交以下申请资料:

(一)计量标准考核(复查)申请书和计量标准技术报告;

(二)计量标准器及配套的主要计量设备有效检定或者校准证书,以及可以证明计量标准具有相应测量能力的其他技术资料复印件各1份。

第九条 申请计量标准复查考核,申请考核单位应当向主持考核的市场监督管理部门递交以下申请资料:

(一)计量标准考核(复查)申请书和计量标准技术报告;

(二)计量标准考核证书有效期内计量标准器及配套的主要计量设备的有效检定或者校准证书,以及可以证明计量标准具有相应测量能力的其他技术资料复印件各1份;

(三)计量标准封存、注销、更换等相关申请材料(如果适用)复印件1份。

第十条 申请考核单位,应当向主持考核的市场监督管理部门递交计量标准考核申请书和有关技术资料。主持考核的市场监督管理部门应当对申请资料的完整性进行审查,符合规定要求的,予以受理;不符合规定要求的,在5个工作日内通知申请考核单位需要补充的全部内容;经补充符合要求的,予以受理。主持考核的市场监督管理部门逾期未告知申请考核单位是否受理申请的,视为受理。

第十一条 主持考核的市场监督管理部门所辖区域内的计量技术机构具有与被考核计量标准相同或者更高等级的计量标准,并有该项目备案计量标准考评员的,应当自行组织考核;不具备上述条件的,应当呈报上一级市场监督管理部门组织考核。

主持考核的市场监督管理部门应当将考核所需时间和组织考核的市场监督管理部门通知申请考核单位。申请考核单位应当做好考核前的准备工作。

第十二条 组织考核的市场监督管理部门应当委托具有相应能力的单位(以下

简称考评单位)或者考评组承担计量标准考核的考评任务。

计量标准的考评工作由计量标准考评员执行。特殊项目,组织考核的市场监督管理部门可聘请技术专家和计量标准考评员组成考评组执行考评工作。

计量标准考评员分为两级,计量标准一级考评员由国家市场监督管理总局组织考核,计量标准二级考评员由省级市场监督管理部门组织考核,经考核合格的考评员,分别由国家市场监督管理总局和省级市场监督管理部门进行管理。

第十三条 考评单位和考评组应当按照计量标准考核规范的规定进行计量标准考评工作,并在规定时间内按时完成考评任务。

第十四条 考评单位及考评组完成考评任务后,应当将考评材料报送组织考核的市场监督管理部门。组织考核的市场监督管理部门审核后递交主持考核的市场监督管理部门审批。

第十五条 主持考核的市场监督管理部门应当在接到考评材料的20个工作日内完成审批工作,确认考核合格的,主持考核的市场监督管理部门做出考核合格的行政许可决定,并在10个工作日内向申请考核单位颁发计量标准考核证书;不合格的,主持考核的市场监督管理部门应当向申请考核单位发送不予行政许可决定。

第十六条 计量标准考核证书的有效期为5年。在证书有效期内,如需要更换、封存和注销计量标准,应当向主持考核的市场监督管理部门申报、履行有关手续。注销计量标准的,由主持考核的市场监督管理部门收回计量标准考核证书。

第十七条 计量标准考核证书有效期届满前6个月,持证单位应当向主持考核的市场监督管理部门申请复查考核。经复查考核合格,准予延长有效期;不合格的,主持考核的市场监督管理部门应当向申请复查考核单位发送不予行政许可决定。超过计量标准考核证书有效期的,申请考核单位应当按照新建计量标准重新申请考核。

第十八条 主持考核的市场监督管理部门应当加强对计量标准考核工作的管理，可以采用计量比对、盲样检测和现场试验等方式，对计量标准考核证书有效期内的计量标准进行监督管理。

第十九条 上级市场监督管理部门应当对下级市场监督管理部门实施的计量标准考核工作进行监督检查，组织考核的市场监督管理部门应当对承担考评单位、考评组及计量标准考评员的考评工作实施监督，及时纠正和处理计量标准考核工作中违反规定的行为。

第二十条 申请考核单位对计量标准考核结果有异议的，应当在接到计量标准考核证书或者不予行政许可决定书后，依法向本级人民政府或者上一级市场监督管理部门申请行政复议。

第二十一条 申请计量标准考核应当提供的技术资料、申请书及有关文件格式，计量标准考核证书和不予行政许可决定书式样，以及计量标准考核规范，由国家市场监督管理总局统一制定。

第二十二条 本办法由国家市场监督管理总局负责解释。

第二十三条 本办法自 2005 年 7 月 1 日起施行。1987 年 7 月 10 日原国家计量局颁布的《计量标准考核办法》([87]量局法字第 231 号)同时废止。

《计量标准考核办法》修改一

1. 2018 年 3 月 6 日国家质量监督检验检疫总局令第 196 号相关内容

一、将第六条第四项修改为:“配备至少两名具有相应能力,并满足有关计量法律法规要求的计量检定或校准人员;”

将第六条第六项修改为:“计量标准的稳定性和检定或者校准结果的重复性符合技术要求。”

二、将第八条修改为:

“申请新建计量标准考核,申请计量标准考核的单位(以下简称申请考核单位)应当向主持考核的质量技术监督部门递交以下申请资料:

(一) 计量标准考核(复查)申请书原件 2 份和计量标准技术报告原件 1 份,以及电子版;

(二) 计量标准器及配套的主要计量

设备有效检定或者校准证书，以及可以证明计量标准具有相应测量能力的其他技术资料复印件各1份；

（三）计量检定或者校准人员的能力证明复印件1份。”

三、将第九条修改为：

“申请计量标准复查考核，申请考核单位应当向主持考核的质量技术监督部门递交以下申请资料：

（一）计量标准考核（复查）申请书原件2份和计量标准技术报告原件1份，以及电子版；

（二）计量标准考核证书有效期内计量标准器及配套的主要计量设备的有效检定或者校准证书，以及可以证明计量标准具有相应测量能力的其他技术资料复印件各1份；

（三）《计量标准封存（或注销）申请表》（如果适用）复印件1份；

（四）计量检定或校准人员的能力证明复印件1份。”

四、删除第十二条第三款中的“计量标准考评员实行备案制度”；将“国家质检总局和省级质量技术监督部门备案管理”中的“备案”修改为“进行”。

五、将第十五条中的“计量标准考核结果通知”修改为“不予行政许可决定”。

六、将第十六条中的“撤销”修改为“注销”。

七、将第十七条中的“有效期届满6个月前”修改为“有效期届满前6个月”。将“计量标准考核结果通知”修改为“不予行政许可决定”。

八、将第二十条中的“计量标准考核结果通知”修改为“不予行政许可决定”；将“依法向主持考核的质量技术监督部门或者上一级质量技术监督部门申请行政复议”修改为“依法向本级人民政府或者上一级质量技术监督部门申请行政复议”。

九、将第二十一条中的“计量标准考核结果通知”修改为“不予行政许可决定”。

十、删除第二十二条。

2. 内容修改对照

【删除条款】

第二十二条

申请计量标准考核，应当按照规定缴纳费用。

【修改条款】

第六条

改前：进行计量标准考核，应当考核以下内容：

（一）计量标准器及配套设备齐全，计量标准器必须经法定或者计量授权的计量技术机构检定合格（没有计量检定规程的，应当通过校准、比对等方式，将量值溯源至国家计量基准或者社会公用计量标准），配套的计量设备经检定合格或者校准；

（二）具备开展量值传递的计量检定规程或者技术规范和完整的技术资料；

（三）具备符合计量检定规程或者技术规范并确保计量标准正常工作所需要的

温度、湿度、防尘、防震、防腐蚀、抗干扰等环境条件和工作场地；

（四）具备与所开展量值传递工作相适应的技术人员，开展计量检定工作，应当配备2名以上获相应项目检定资质的计量检定人员，开展其他方式量值传递工作，应当配备具有相应资质的人员；

（五）具有完善的运行、维护制度，包括实验室岗位责任制度，计量标准的保存、使用、维护制度，周期检定制度，检定记录及检定证书核验制度，事故报告制度，计量标准技术档案管理制度等；

（六）计量标准的测量重复性和稳定性符合技术要求。

改后：进行计量标准考核，应当考核以下内容：

（一）计量标准器及配套设备齐全，计量标准器必须经法定或者计量授权的计量技术机构检定合格（没有计量检定规程的，应当通过校准、比对等方式，将量值溯源至国家计量基准或者社会公用计量标准)，配套的计量设备经检定合格或者校准；

（二）具备开展量值传递的计量检定规程或者技术规范和完整的技术资料；

（三）具备符合计量检定规程或者技术规范并确保计量标准正常工作所需要的温度、湿度、防尘、防震、防腐蚀、抗干扰等环境条件和工作场地；

（四）配备至少两名具有相应能力，并满足有关计量法律法规要求的计量检定或校准人员；

（五）具有完善的运行、维护制度，包括实验室岗位责任制度，计量标准的保存、使用、维护制度，周期检定制度，检定记录及检定证书核验制度，事故报告制度，计量标准技术档案管理制度等；

（六）计量标准的稳定性和检定或者校准结果的重复性符合技术要求。

第八条

改前：申请新建计量标准考核，申请计量标准考核的单位（以下简称申请考核

单位)应当向主持考核的质量技术监督部门递交以下申请资料:

(一)计量标准考核(复查)申请书原件一式2份;

(二)计量标准技术报告1份;

(三)计量标准测量重复性考核记录复印件1份;

(四)计量标准稳定性考核记录复印件1份;

(五)计量标准器及配套的主要计量设备有效检定或者校准证书复印件1份;

(六)开展检定或者校准项目的原始记录及相应的模拟检定证书或者校准证书复印件2份;

(七)计量检定人员检定证件或者校准人员资质证明复印件1份。

改后:申请新建计量标准考核,申请计量标准考核的单位(以下简称申请考核单位)应当向主持考核的质量技术监督部门递交以下申请资料:

(一)计量标准考核(复查)申请书原

件2份和计量标准技术报告原件1份，以及电子版；

（二）计量标准器及配套的主要计量设备有效检定或者校准证书，以及可以证明计量标准具有相应测量能力的其他技术资料复印件各1份；

（三）计量检定或者校准人员的能力证明复印件1份。

第九条

改前：申请计量标准复查考核，申请考核单位应当向主持考核的质量技术监督部门递交以下申请资料：

（一）计量标准考核（复查）申请书原件一式2份；

（二）计量标准考核证书原件；

（三）计量标准考核证书有效期内计量标准器及配套的主要计量设备的有效检定或者校准证书复印件1份；

（四）如更换计量标准器或者配套设备应附上计量标准更换申报表一式2份；

（五）随机抽取的2份该计量标准近

期开展检定或者校准的原始记录以及相应的检定或者校准证书复印件；

（六）计量标准考核证书有效期内计量标准稳定性考核记录复印件1份；

（七）计量标准考核证书有效期内计量标准测量重复性考核记录复印件1份；

（八）计量检定人员检定证件或者校准人员资质证明复印件1份。

其他可以证明计量标准处于正常工作状态的技术资料。

改后：申请计量标准复查考核，申请考核单位应当向主持考核的质量技术监督部门递交以下申请资料：

（一）计量标准考核（复查）申请书原件2份和计量标准技术报告原件1份，以及电子版；

（二）计量标准考核证书有效期内计量标准器及配套的主要计量设备的有效检定或者校准证书，以及可以证明计量标准具有相应测量能力的其他技术资料复印件各1份；

（三）《计量标准封存（或注销）申请表》（如果适用）复印件1份；

（四）计量检定或校准人员的能力证明复印件1份。

第十二条　第三款

改前：计量标准考评员实行备案制度。计量标准考评员分为两级，计量标准一级考评员由国家质检总局组织考核，计量标准二级考评员由省级质量技术监督部门组织考核，经考核合格的考评员，分别由国家质检总局和省级质量技术监督部门备案管理。

改后：计量标准考评员分为两级，计量标准一级考评员由国家质检总局组织考核，计量标准二级考评员由省级质量技术监督部门组织考核，经考核合格的考评员，分别由国家质检总局和省级质量技术监督部门进行管理。

第十五条

改前：主持考核的质量技术监督部门应当在接到考评材料的20个工作日内完

成审批工作，确认考核合格的，主持考核的质量技术监督部门做出考核合格的行政许可决定，并在10个工作日内向申请考核单位颁发计量标准考核证书；不合格的，主持考核的质量技术监督部门应当向申请考核单位发送计量标准考核结果通知书。

改后：主持考核的质量技术监督部门应当在接到考评材料的20个工作日内完成审批工作，确认考核合格的，主持考核的质量技术监督部门做出考核合格的行政许可决定，并在10个工作日内向申请考核单位颁发计量标准考核证书；不合格的，主持考核的质量技术监督部门应当向申请考核单位发送不予行政许可决定书。

第十六条

改前：计量标准考核证书的有效期为4年。在证书有效期内，如需要更换、封存和撤消计量标准，应当向主持考核的质量技术监督部门申报、履行有关手续。撤销计量标准的，由主持考核的质量技术监督部门收回计量标准考核证书。

改后：计量标准考核证书的有效期为4年。在证书有效期内，如需要更换、封存和注销计量标准，应当向主持考核的质量技术监督部门申报、履行有关手续。注销计量标准的，由主持考核的质量技术监督部门收回计量标准考核证书。

第十七条

改前：计量标准考核证书有效期届满6个月前，持证单位应当向主持考核的质量技术监督部门申请复查考核。经复查考核合格，准予延长有效期；不合格的，主持考核的质量技术监督部门应当向申请复查考核单位发送计量标准考核结果通知书。超过计量标准考核证书有效期的，申请考核单位应当按照新建计量标准重新申请考核。

改后：计量标准考核证书有效期届满前6个月，持证单位应当向主持考核的质量技术监督部门申请复查考核。经复查考核合格，准予延长有效期；不合格的，主持考核的质量技术监督部门应当向申请复查考核单位发送不予行政许可决定书。超过计量标准考核证书有效期的，申请考核单位应当按照新建计量标准重新申请考核。

第二十条

改前：申请考核单位对计量标准考核结果有异议的，应当在接到计量标准考核证书或者计量标准考核结果通知书后，依法向主持考核的质量技术监督部门或者上一级质量技术监督部门申请行政复议。

改后：申请考核单位对计量标准考核结果有异议的，应当在接到计量标准考核证书或者不予行政许可决定书后，依法向本级人民政府或者上一级质量技术监督部门申请行政复议。

第二十一条

改前：申请计量标准考核应当提供的技术资料、申请书及有关文件格式，计量标准考核证书和计量标准考核结果通知书式样，以及计量标准考核规范，由国家质检总局统一制定。

改后：申请计量标准考核应当提供的技术资料、申请书及有关文件格式，计量标准考核证书和不予行政许可决定书式样，以及计量标准考核规范，由国家质检总局统一制定。

《计量标准考核办法》修改二

1. 2018年12月21日国家市场监督管理总局令第4号相关内容

一、将第八条第一款第一项修改为“计量标准考核(复查)申请书和计量标准技术报告”。

二、将第九条第一款第一项修改为“计量标准考核(复查)申请书和计量标准技术报告”。

2. 内容修改对照

第八条　第一款第一项

改前：(一) 计量标准考核(复查)申请书原件2份和计量标准技术报告原件1份，以及电子版。

改后：（一）计量标准考核（复查）申请书和计量标准技术报告。

第九条　第一款第一项

改前：（一）计量标准考核（复查）申请书原件2份和计量标准技术报告原件1份，以及电子版。

改后：（一）计量标准考核（复查）申请书和计量标准技术报告。

《计量标准考核办法》修改三

1. 2020年10月23日国家市场监督管理总局令第31号相关内容

一、将第三条中的“国家质量监督检验检疫总局及地方各级质量技术监督部门（以下简称质量技术监督部门）”修改为“市场监督管理部门”。

将第四条中的“国家质量监督检验检疫总局（以下简称国家质检总局）”修改为“国家市场监督管理总局”。

将第五条、第十二条、第二十一条、第二十二条中的“国家质检总局”修改为“国家市场监督管理总局”。

将第四条、第五条、第八条、第九条、第十条、第十一条、第十二条、第十四条、第十五条、第十六条、第十七条、第十九条、第二十条中的“质量技术监督部门”修改为“市场监督管理部门”。

二、将第五条第三款中的“工商注册地”修改为“登记注册地”。

三、将第六条第五项中的“周期检定制度,检定记录及检定证书核验制度”修改为“量值溯源制度,原始记录及证书核验制度”。

四、删去第八条第三项。

五、将第九条第三项中的“《计量标准封存(或注销)申请表》(如果适用)”修改为“计量标准封存、注销、更换等相关申请材料(如果适用)”。删去第四项。

六、将第十六条中的“计量标准考核证书的有效期为 4 年”修改为“计量标准考核证书的有效期为5年”。

七、将第十八条修改为:“主持考核的市场监督管理部门应当加强对计量标准考核工作的管理,可以采用计量比对、盲样检测和现场试验等方式,对计量标准考核证书有效期内的计量标准进行监督管理”。

2. 内容修改对照

第三条

改前:本办法所称计量标准考核,是指国家质量监督检验检疫总局及地方各级质量技术监督部门(以下简称质量技术监督部门)对计量标准测量能力的评定和开展量值传递资格的确认。计量标准考核包括对新建计量标准的考核和对计量标准的复查考核。

改后:本办法所称计量标准考核,是指市场监督管理部门对计量标准测量能力的评定和开展量值传递资格的确认。计量标准考核包括对新建计量标准的考核和对计量标准的复查考核。

第四条

改前：国家质量监督检验检疫总局(以下简称国家质检总局)统一监督管理全国计量标准考核工作。省级质量技术监督部门负责监督管理本行政区域内计量标准考核工作。

改后：国家市场监督管理总局统一监督管理全国计量标准考核工作。省级市场监督管理部门负责监督管理本行政区域内计量标准考核工作。

第五条

改前：国家质检总局组织建立的社会公用计量标准及各省级质量技术监督部门组织建立的各项最高等级的社会公用计量标准，由国家质检总局主持考核；地(市)、县级质量技术监督部门组织建立的各项最高等级的社会公用计量标准，由上一级质量技术监督部门主持考核；各级地方质量技术监督部门组织建立其他等级的社会公用计量标准，由组织建立计量标准的质量技术监督部门主持考核。

国务院有关部门和省、自治区、直辖市有关部门建立的各项最高等级的计量标准，由同级的质量技术监督部门主持考核。

国务院有关部门所属的企业、事业单位建立的各项最高等级的计量标准，由国家质检总局主持考核；省、自治区、直辖市有关部门所属的企业、事业单位建立的各项最高等级的计量标准，由当地省级质量技术监督部门主持考核；无主管部门的企业单位建立的各项最高等级的计量标准，由该企业工商注册地的质量技术监督部门主持考核。

改后：国家市场监督管理总局组织建立的社会公用计量标准及各省级市场监督管理部门组织建立的各项最高等级的社会公用计量标准，由国家市场监督管理总局主持考核；地(市)、县级市场监督管理部门组织建立的各项最高等级的社会公用计量标准，由上一级市场监督管理部门主持考核；各级地方市场监督管理部门组织建立其他等级的社会公用计量标准，由组织建立计量标准的市场监督管理部门主持考核。

国务院有关部门和省、自治区、直辖市有关部门建立的各项最高等级的计量标准，由同级的市场监督管理部门主持考核。

国务院有关部门所属的企业、事业单位建立的各项最高等级的计量标准，由国家市场监督管理总局主持考核；省、自治区、直辖市有关部门所属的企业、事业单位建立的各项最高等级的计量标准，由当地省级市场监督管理部门主持考核；无主管部门的企业单位建立的各项最高等级的计量标准，由该企业登记注册地的市场监督管理部门主持考核。

第六条

改前：进行计量标准考核，应当考核以下内容：

（一）计量标准器及配套设备齐全，计量标准器必须经法定或者计量授权的计量技术机构检定合格（没有计量检定规程的，应当通过校准、比对等方式，将量值溯源至国家计量基准或者社会公用计量标准)，配套的计量设备经检定合格或者校准；

（二）具备开展量值传递的计量检定规程或者技术规范和完整的技术资料；

（三）具备符合计量检定规程或者技术规范并确保计量标准正常工作所需要的温度、湿度、防尘、防震、防腐蚀、抗干扰等环境条件和工作场地；

（四）配备至少两名具有相应能力，并满足有关计量法律法规要求的计量检定或校准人员；

（五）具有完善的运行、维护制度，包括实验室岗位责任制度，计量标准的保存、使用、维护制度，周期检定制度，检定记录及检定证书核验制度，事故报告制度，计量标准技术档案管理制度等；

（六）计量标准的稳定性和检定或者校准结果的重复性符合技术要求。

改后：进行计量标准考核，应当考核以下内容：

（一）计量标准器及配套设备齐全，计

量标准器必须经法定或者计量授权的计量技术机构检定合格(没有计量检定规程的,应当通过校准、比对等方式,将量值溯源至国家计量基准或者社会公用计量标准),配套的计量设备经检定合格或者校准;

(二)具备开展量值传递的计量检定规程或者技术规范和完整的技术资料;

(三)具备符合计量检定规程或者技术规范并确保计量标准正常工作所需要的温度、湿度、防尘、防震、防腐蚀、抗干扰等环境条件和工作场地;

(四)配备至少两名具有相应能力,并满足有关计量法律法规要求的计量检定或校准人员;

(五)具有完善的运行、维护制度,包括实验室岗位责任制度,计量标准的保存、使用、维护制度,量值溯源制度,原始记录及证书核验制度,事故报告制度,计量标准技术档案管理制度等;

(六)计量标准的稳定性和检定或者校准结果的重复性符合技术要求。

第八条

改前：申请新建计量标准考核，申请计量标准考核的单位（以下简称申请考核单位）应当向主持考核的质量技术监督部门递交以下申请资料：

（一）计量标准考核（复查）申请书和计量标准技术报告；

（二）计量标准器及配套的主要计量设备有效检定或者校准证书，以及可以证明计量标准具有相应测量能力的其他技术资料复印件各1份；

（三）计量检定或者校准人员的能力证明复印件1份。

改后：申请新建计量标准考核，申请计量标准考核的单位（以下简称申请考核单位）应当向主持考核的市场监督管理部门递交以下申请资料：

（一）计量标准考核（复查）申请书和计量标准技术报告；

（二）计量标准器及配套的主要计量设备有效检定或者校准证书，以及可以证明计量标准具有相应测量能力的其他技术资料复印件各1份。

第九条

改前：申请计量标准复查考核，申请考核单位应当向主持考核的质量技术监督部门递交以下申请资料：

（一）计量标准考核（复查）申请书和计量标准技术报告；

（二）计量标准考核证书有效期内计量标准器及配套的主要计量设备的有效检定或者校准证书，以及可以证明计量标准具有相应测量能力的其他技术资料复印件各1份；

（三）《计量标准封存（或注销）申请表》（如果适用）复印件1份；

（四）计量检定或校准人员的能力证明复印件1份。

改后：申请计量标准复查考核，申请考核单位应当向主持考核的市场监督管理部门递交以下申请资料：

（一）计量标准考核（复查）申请书和

计量标准技术报告；

（二）计量标准考核证书有效期内计量标准器及配套的主要计量设备的有效检定或者校准证书，以及可以证明计量标准具有相应测量能力的其他技术资料复印件各1份；

（三）计量标准封存、注销、更换等相关申请材料（如果适用）复印件1份。

第十条

改前：申请考核单位，应当向主持考核的质量技术监督部门递交计量标准考核申请书和有关技术资料。主持考核的质量技术监督部门应当对申请资料的完整性进行审查，符合规定要求的，予以受理；不符合规定要求的，在5个工作日内通知申请考核单位需要补充的全部内容；经补充符合要求的，予以受理。主持考核的质量技术监督部门逾期未告知申请考核单位是否受理申请的，视为受理。

改后：申请考核单位，应当向主持考核的市场监督管理部门递交计量标准考核申请书和有关技术资料。主持考核的市场监督管理部门应当对申请资料的完整性进行审查,符合规定要求的,予以受理;不符合规定要求的,在5个工作日内通知申请考核单位需要补充的全部内容;经补充符合要求的,予以受理。主持考核的市场监督管理部门逾期未告知申请考核单位是否受理申请的,视为受理。

第十一条

改前:主持考核的质量技术监督部门所辖区域内的计量技术机构具有与被考核计量标准相同或者更高等级的计量标准,并有该项目备案计量标准考评员的,应当自行组织考核;不具备上述条件的,应当呈报上一级质量技术监督部门组织考核。

主持考核的质量技术监督部门应当将考核所需时间和组织考核的质量技术监督部门通知申请考核单位。申请考核单位应当做好考核前的准备工作。

改后:主持考核的市场监督管理部门所辖区域内的计量技术机构具有与被考核

计量标准相同或者更高等级的计量标准，并有该项目备案计量标准考评员的，应当自行组织考核；不具备上述条件的，应当呈报上一级市场监督管理部门组织考核。

主持考核的市场监督管理部门应当将考核所需时间和组织考核的市场监督管理部门通知申请考核单位。申请考核单位应当做好考核前的准备工作。

第十二条

改前：组织考核的质量技术监督部门应当委托具有相应能力的单位（以下简称考评单位）或者考评组承担计量标准考核的考评任务。

计量标准的考评工作由计量标准考评员执行。特殊项目，组织考核的质量技术监督部门可聘请技术专家和计量标准考评员组成考评组执行考评工作。

计量标准考评员分为两级，计量标准一级考评员由国家质检总局组织考核，计量标准二级考评员由省级质量技术监督部门组织考核，经考核合格的考评员，分别由国家质检总局和省级质量技术监督部门进行管理。

改后：组织考核的市场监督管理部门应当委托具有相应能力的单位(以下简称考评单位)或者考评组承担计量标准考核的考评任务。

计量标准的考评工作由计量标准考评员执行。特殊项目，组织考核的市场监督管理部门可聘请技术专家和计量标准考评员组成考评组执行考评工作。

计量标准考评员分为两级，计量标准一级考评员由国家市场监督管理总局组织考核，计量标准二级考评员由省级市场监督管理部门组织考核，经考核合格的考评员，分别由国家市场监督管理总局和省级市场监督管理部门进行管理。

第十四条

改前：考评单位及考评组完成考评任务后，应当将考评材料报送组织考核的质量技术监督部门。组织考核的质量技术监督部门审核后递交主持考核的质量技术监督部门审批。

改后：考评单位及考评组完成考评任务后，应当将考评材料报送组织考核的市场监督管理部门。组织考核的市场监督管理部门审核后递交主持考核的市场监督管理部门审批。

第十五条

改前：主持考核的质量技术监督部门应当在接到考评材料的20个工作日内完成审批工作，确认考核合格的，主持考核的质量技术监督部门做出考核合格的行政许可决定，并在10个工作日内向申请考核单位颁发计量标准考核证书；不合格的，主持考核的质量技术监督部门应当向申请考核单位发送不予行政许可决定书。

改后：主持考核的市场监督管理部门应当在接到考评材料的20个工作日内完成审批工作，确认考核合格的，主持考核的市场监督管理部门做出考核合格的行政许可决定，并在10个工作日内向申请考核单位颁发计量标准考核证书；不合格的，主持考核的市场监督管理部门应当向申请考核单位发送不予行政许可决定。

第十六条

改前：计量标准考核证书的有效期为4年。在证书有效期内，如需要更换、封存和注销计量标准，应当向主持考核的质量技术监督部门申报、履行有关手续。注销计量标准的，由主持考核的质量技术监督部门收回计量标准考核证书。

改后：计量标准考核证书的有效期为5年。在证书有效期内，如需要更换、封存和注销计量标准，应当向主持考核的市场监督管理部门申报、履行有关手续。注销计量标准的，由主持考核的市场监督管理部门收回计量标准考核证书。

第十七条

改前：计量标准考核证书有效期届满前6个月，持证单位应当向主持考核的质量技术监督部门申请复查考核。经复查考核合格，准予延长有效期；不合格的，主持考核的质量技术监督部门应当向申请复查考核单位发送不予行政许可决定书。超过计量标准考核证书有效期的，申请考核单位应当按照新建计量标准重新申请考核。

改后： 计量标准考核证书有效期届满前6个月，持证单位应当向主持考核的市场监督管理部门申请复查考核。经复查考核合格，准予延长有效期；不合格的，主持考核的市场监督管理部门应当向申请复查考核单位发送不予行政许可决定。超过计量标准考核证书有效期的，申请考核单位应当按照新建计量标准重新申请考核。

第十八条

改前： 主持考核的质量技术监督部门应当采用量值比对、盲样检测和测量过程控制等方式，对计量标准考核证书有效期内的计量标准进行监督管理。

改后： 主持考核的市场监督管理部门应当加强对计量标准考核工作的管理，可以采用计量比对、盲样检测和现场试验等方式，对计量标准考核证书有效期内的计量标准进行监督管理。

第十九条

改前：上级质量技术监督部门应当对下级质量技术监督部门实施的计量标准考核工作进行监督检查，组织考核的质量技术监督部门应当对承担考评单位、考评组及计量标准考评员的考评工作实施监督，及时纠正和处理计量标准考核工作中违反规定的行为。

改后：上级市场监督管理部门应当对下级市场监督管理部门实施的计量标准考核工作进行监督检查，组织考核的市场监督管理部门应当对承担考评单位、考评组及计量标准考评员的考评工作实施监督，及时纠正和处理计量标准考核工作中违反规定的行为。

第二十条

改前：申请考核单位对计量标准考核结果有异议的，应当在接到计量标准考核证书或者不予行政许可决定书后，依法向本级人民政府或者上一级质量技术监督部门申请行政复议。

改后：申请考核单位对计量标准考核结果有异议的，应当在接到计量标准考核证书或者不予行政许可决定书后，依法向本级人民政府或者上一级市场监督管理部门申请行政复议。

第二十一条

改前：申请计量标准考核应当提供的技术资料、申请书及有关文件格式，计量标准考核证书和不予行政许可决定书式样，以及计量标准考核规范，由国家质检总局统一制定。

改后：申请计量标准考核应当提供的技术资料、申请书及有关文件格式，计量标准考核证书和不予行政许可决定书式样，以及计量标准考核规范，由国家市场监督管理总局统一制定。

第二十二条

改前：本办法由国家质检总局负责解释。

改后：本办法由国家市场监督管理总局负责解释。

计量比对管理办法

（2023年3月16日国家市场监督管理总局令第69号公布）

第一条 为了确保量值统一、准确可靠，加强计量比对监督管理，根据计量相关法律、行政法规等有关规定，制定本办法。

第二条 在中华人民共和国境内，开展计量比对及其监督管理，适用本办法。

第三条 本办法所称计量比对，是指在规定条件下，对相同准确度等级或者指定测量不确定度范围内的同种计量基准、计量标准以及标准物质所复现的量值之间进行比较的过程。

前款规定的计量比对包括：

（一）国家市场监督管理总局考核合格，并取得计量基准证书或者计量标准考

核证书或者标准物质定级证书的计量基准或者计量标准或者标准物质量值的比对(以下简称国家计量比对);

(二)经县级以上地方市场监督管理部门考核合格,并取得计量标准考核证书的计量标准量值的比对(以下简称地方计量比对)。

第四条 国家市场监督管理总局负责全国计量比对的监督管理工作,组织实施国家计量比对。

县级以上地方市场监督管理部门在各自职责范围内负责本行政区域内的地方计量比对的监督管理工作。

第五条 市场监督管理部门根据保证量值传递溯源体系有效性的需要,按照统筹规划、经济、合理的原则,实施计量比对。

第六条 国家市场监督管理总局面向社会公开征集国家计量比对项目及主导实验室,经专家研究论证后,确定国家计量比对及主导实验室。

国家市场监督管理总局根据需要可直

接确定国家计量比对项目并指定主导实验室。

第七条 已取得国家计量比对所涉及的计量基准证书、计量标准考核证书或者标准物质定级证书的单位，应当按照有关规定参加国家市场监督管理总局组织的国家计量比对。能够提供正当理由且经国家市场监督管理总局书面同意的除外。

第八条 国家计量比对主导实验室应当具备以下条件：

（一）具有独立法人资格；

（二）具有的计量基准、计量标准或者标准物质等符合计量比对要求，并能够在国家计量比对期间保证量值准确；

（三）能够提供满足计量溯源性要求的准确、稳定和可靠的传递标准或者样品；

（四）具有与实施国家计量比对工作相适应的技术人员。

第九条 主导实验室可以根据需要成立技术专家组。技术专家组参与审查国家计量比对资料，对有争议的技术问题提出咨询意见。

第十条 主导实验室应当在国家计量比对开始前进行前期实验，包括测定传递标准或者样品的稳定性、均匀性、重复性、运输特性和参考值等。

第十一条 主导实验室应当根据前期实验情况起草国家计量比对实施方案，征求各参比实验室的意见后确定，并报送国家市场监督管理总局。

国家计量比对实施方案应当包括计量比对针对的量、目的、方法、传递标准或者样品、路线及时间安排、技术要求等。必要时，也可以规定比对实验的具体方法和不确定度评定方法或者限定比对结果的不确定度范围。

第十二条 主导实验室和参比实验室应当按照有关国家计量技术规范，根据国家计量比对实施方案开展国家计量比对。

第十三条 国家计量比对完成后，各参比实验室应当在国家计量比对实施方案规定的时间内，将国家计量比对结果提交主导实验室,并对所报送材料的真实性负责。

国家计量比对结果材料应当包括:

(一)国家计量比对数据复印件,数据有删改的,应当保留删改痕迹;

(二)国家计量比对实验结果不确定度分析报告;

(三)计量基准证书复印件、计量标准考核证书复印件、标准物质定级证书复印件以及计量授权证书复印件或者其他相关技术文件;

(四)需要提交的其他材料。

第十四条 对于具备条件的国家计量比对,主导实验室和参比实验室应当对相关实验过程、数据结果等建立并实施追溯备查制度。

第十五条 主导实验室应当根据参比实验室国家计量比对结果进行统计、分析和评价,起草国家计量比对总结报告,并征求各参比实验室意见。

主导实验室应当在规定时间内将修改

完成的国家计量比对总结报告、国家计量比对结果以及国家计量比对的其他资料报送国家市场监督管理总局。

第十六条 国家计量比对总结报告应当包括：

（一）国家计量比对概况及相关说明；

（二）传递标准或者样品的技术状况，包括稳定性、均匀性、重复性和运输特性等相关要求；

（三）国家计量比对数据记录及必要的图表；

（四）国家计量比对结果分析，至少包括参比实验室的测量结果及其测量不确定度、国家计量比对参考值及其测量不确定度、参比实验室的测量结果与参考值之差及测量不确定度；

（五）参比实验室存在的问题及整改建议；

（六）国家计量比对分析及结论。

第十七条 国家市场监督管理总局定期向社会公布国家计量比对结果。

第十八条 国家计量比对结果符合规定要求的,可以作为计量基准和计量标准复查考核、标准物质定级、计量授权以及实验室认可的参考依据。

国家计量比对结果偏离正常范围的,应当限期改正,暂停国家计量比对所涉及的计量基准、计量标准的量值传递工作和标准物质生产销售。

第十九条 主导实验室、参比实验室和技术专家组应当遵守保密规定,在国家计量比对结果公布前不得泄露国家计量比对数据。

未经国家市场监督管理总局同意,主导实验室和参比实验室不得发布国家计量比对数据及结果。

对擅自泄露或者发布国家计量比对数据及结果的,由国家市场监督管理总局将有关情况通报主导实验室、参比实验室所在单位,取消申报国家计量比对资格,予以公示;情节严重的,予以通报批评。

第二十条 主导实验室不得有下列

行为：

（一）抄袭参比实验室国家计量比对数据，弄虚作假；

（二）与参比实验室串通，篡改国家计量比对数据；

（三）违反诚实信用原则的其他行为。

参比实验室不得弄虚作假，相互抄袭国家计量比对数据。

主导实验室和参比实验室存在以上行为的，国家计量比对结果无效，取消申报国家计量比对资格，予以公开；情节严重的，处三万元以下罚款。

第二十一条 违反本办法第七条规定的，无正当理由拒不参加国家计量比对的，限期改正；逾期不改正的，予以通报批评。

第二十二条 违反本办法第十三条第一款，在规定时间内未报送相关材料的，限期改正；逾期未改正的，给予通报批评。

第二十三条 县级以上地方市场监督管理部门根据本地区经济社会发展和计量监督管理需要，组织实施本地区计量比对，参照本办法执行。

第二十四条 参加国际计量比对，按照国家市场监督管理总局有关规定执行。

第二十五条 本办法自2023年6月1日起施行。2008年6月11日原国家质量监督检验检疫总局令第107号公布的《计量比对管理办法》同时废止。

标准物质管理办法

（1987年7月10日国家计量局
〔1987〕量局法字第231号发布）

第一条 根据《中华人民共和国计量法实施细则》第六十一条、第六十三条的规定，制定本办法。

第二条 本办法适用的标准物质是指用于统一量值的标准物质。用于统一量值的标准物质，包括化学成分分析标准物质、物理特性与物理化学特性测量标准物质和工程技术特性测量标准物质。

第三条 凡向外单位供应的标准物质的制造以及标准物质的销售和发放，必须遵守本办法。

第四条 企业、事业单位制造标准物质，必须具备与所制造的标准物质相适应的设施、人员和分析测量仪器设备，并向国务院计量行政部门申请办理《制造计量器具许可证》。

第五条 企业、事业单位制造标准物质新产品，应进行定级鉴定，并经评审取得标准物质定级证书。

第六条 标准物质的定级条件：

（一）一级标准物质

1. 用绝对测量法或两种以上不同原理的准确可靠的方法定值。在只有一种定值方法的情况下，用多个实验室以同种准确可靠的方法定值；

2. 准确度具有国内最高水平，均匀性在准确度范围之内；

3. 稳定性在一年以上或达到国际上同类标准物质的先进水平；

4. 包装形式符合标准物质技术规范的要求。

（二）二级标准物质

1. 用与一级标准物质进行比较测量的方法或一级标准物质的定值方法定值；

2. 准确度和均匀性未达到一级标准物质的水平，但能满足一般测量的需要；

3. 稳定性在半年以上，或能满足实际测量的需要；

4. 包装形式符合标准物质技术规范的要求。

第七条 申请《制造计量器具许可证》和定级证书的单位，需向国务院计量行政部门填报申请书并提交标准物质样品3份和以下材料：

（一）生产设施、技术人员状况和分析测量仪器设备及实验室条件的情况；

（二）研制计划任务书；

（三）研制报告，包括制备方法、制备工艺、稳定性考察、均匀性检验，定值的测量方法、测量结果及数据处理等；

（四）国内外同种标准物质主要特性的对照比较情况；

（五）试用情况报告；

（六）标准物质产品检验证书的式样；

（七）保障统一量值需要的供应能力

和措施。

第八条 国务院计量行政部门聘请有关主管部门和有关单位的专家组成标准物质技术评审组织，负责对申请《制造计量器具许可证》的考核以及标准物质定级鉴定的评审。定级鉴定由国务院计量行政部门按标准物质的专业分类，授权有关主管部门的技术机构或法定计量检定机构负责。

标准物质技术评审组织的章程和工作程序，由国务院计量行政部门组织制定。

第九条 经标准物质技术评审组织的评审，对符合本办法第四条、第六条规定的，由国务院计量行政部门审批后颁发《制造计量器具许可证》和标准物质定级证书，统一规定编号，列入标准物质目录，并向全国公布。

企业、事业单位未取得《制造计量器具许可证》和标准物质定级证书，有关主管部门不得批准其投入生产。

第十条 申请标准物质定级鉴定经评审未通过的，可准许申请单位改进后再进行一次鉴定、评审。经二次鉴定、评审仍未通过的，申请单位改进后，需重新办理申请手续。

第十一条 制造标准物质的企业、事业单位，必须对重复制造的每批标准物质，进行定值检验和均匀性检验，出具标准物质产品检验证书，保证其技术指标不低于原定级的要求。

第十二条 取得《制造计量器具许可证》制造标准物质的企业、事业单位，拟停止供应的，应在6个月以前向国务院计量行政部门报告。未经批准，不得擅自停止供应。

第十三条 经标准物质技术评审组织评定，对技术指标落后，不适应国家需要的标准物质，国务院计量行政部门可以决定将其降级或废除，并相应地更换或撤销《制造计量器具许可证》、标准物质定级证书和编号。

第十四条 企业、事业单位未取得《制造计量器具许可证》和标准物质定级证书的，不得制造用以销售和向外单位发放的标准物质。

第十五条 没有标准物质产品检验证书和编号的，或超过有效期的标准物质，一律不得销售和向外单位发放。

第十六条 负责标准物质定级鉴定的单位以及考核、鉴定、评审人员，必须对申请单位提供的样品和技术资料保密。

第十七条 国务院计量行政部门负责全国标准物质工作的管理，其工作机构负责受理《制造计量器具许可证》考核、定级鉴定的申请，办理发证手续，并进行其他有关组织工作。

第十八条 县级以上地方人民政府计量行政部门负责本行政区域内制造、销售标准物质的监督检查，对违反本办法规定的，有权依照《中华人民共和国计量法实施细则》的有关规定决定行政处罚。

第十九条 对外商在中国销售标准物质的监督管理，按照国务院计量行政部门制定的有关进口计量器具的规定执行。

第二十条 与本办法有关的申请书、定级证书的式样以及标准物质编号方法、技术规范,由国务院计量行政部门统一制定。

第二十一条 申请《制造计量器具许可证》和定级鉴定,应按规定缴纳费用。

第二十二条 本办法由国务院计量行政部门负责解释。

第二十三条 本办法自发布之日起施行。以前发布的有关标准物质的管理办法,凡与本办法有抵触的,以本办法为准。

计量器具新产品管理办法

（2023年3月16日国家市场监督管理总局令第68号发布）

第一章　总　　则

第一条　为了规范计量器具新产品的型式批准管理，根据《中华人民共和国计量法》和《中华人民共和国计量法实施细则》的有关规定，制定本办法。

第二条　在中华人民共和国境内，制造以销售为目的的计量器具新产品，应当遵守本办法。

计量器具新产品是指生产者从未生产过的计量器具，包括对原有产品在结构、材质等方面做了重大改进导致性能、技术特征发生变更的计量器具。

第三条 生产者以销售为目的制造列入《实施强制管理的计量器具目录》，且监管方式为型式批准的计量器具新产品的，应当经省级市场监督管理部门型式批准后，方可投入生产。

制造除前款以外其他计量器具的，生产者可以根据需要自愿委托有能力的技术机构进行型式试验。

标准物质新产品按照标准物质管理相关规定执行。

第四条 本办法所称型式批准是指市场监督管理部门对计量器具的型式是否符合法定要求而进行的行政许可活动。

型式评价是指为确定计量器具型式是否符合计量要求、技术要求和法制管理要求对样机所进行的技术评价。

型式试验是指根据相关计量技术规范，对计量器具的样机进行的试验和检查。

第五条 国家市场监督管理总局统一负责全国计量器具新产品的监督管理工作。省级市场监督管理部门负责本地区计量器具新产品的监督管理工作。

第二章　型式批准的申请

第六条　生产者制造本办法第三条第一款规定的计量器具的，应当向生产所在地省级市场监督管理部门申请型式批准。

申请型式批准应当按照市场监督管理部门相关要求递交申请资料。

第七条　收到申请的省级市场监督管理部门，对申请资料进行审查，需要补充资料或者不符合法定形式的，应当自收到申请资料之日起五个工作日内一次告知申请人需要补正的全部内容和补正期限。

审查通过的，应当在五个工作日内委托技术机构进行型式评价，并通知申请人。

第八条　承担型式评价的技术机构应当自收到省级市场监督管理部门委托之日起五个工作日内通知申请人。

申请人应当自收到承担型式评价机构通知后五个工作日内向该机构递交以下技术资料，并对所提供的技术资料真实有效性负责：

（一）样机照片；

（二）产品标准（含检验方法）；

（三）总装图、电路图和关键零部件图（含关键零部件清单）；

（四）使用说明书；

（五）制造单位或者技术机构所做的试验报告。

逾期没有递交的，由承担型式评价的技术机构向省级市场监督管理部门退回本次委托，受理申请的省级市场监督管理部门终止实施行政许可。

第九条 承担型式评价的技术机构，应当自收到技术资料之日起十个工作日内对技术资料进行审查。审查未通过的，要求申请人限期补正；审查通过的，通知申请人提供试验样机。

申请人应当自收到通知之日起十个工作日内，向该机构提供试验样机。逾期没有提供的，由承担型式评价的技术机构向省级市场监督管理部门退回本次委托，受理申请的省级市场监督管理部门终止实施行政许可。

第三章 型式评价

第十条 承担型式评价的技术机构应当能够独立承担法律责任,具备计量标准、检测装置、检测人员以及场地、工作环境等相关条件,取得省级以上市场监督管理部门的授权,方可开展相应的型式评价工作。

第十一条 承担型式评价的技术机构应当按照国家市场监督管理总局制定的国家型式评价技术规范进行型式评价。国家计量检定规程中已经规定了型式评价要求的,按照国家计量检定规程执行。

没有国家型式评价技术规范的,由承担型式评价的技术机构依据相关标准、规范或者国际建议拟定型式评价技术规范,经相关全国专业计量技术委员会审查通过后执行。

第十二条 型式评价应当自承担型式评价的技术机构收到试验样机之日起三个

月内完成,经省级市场监督管理部门同意延期的除外。

型式评价结束后,承担型式评价的技术机构应当将型式评价报告报送省级市场监督管理部门,并通知申请人。

第十三条 承担型式评价的技术机构在型式评价后,应当保留有关资料和原始记录,保存期不少于五年。经封印和标记的全部样机、需要保密的技术资料应当退还申请人。

申请人应当对经封印和标记的样机、需要保密的技术资料进行保存。对于系列产品,应当至少保存一台代表性产品样机;对于单个规格产品,应当至少保存一台样机。保存期限应当自停止生产该型式计量器具之日起不少于五年。

第四章 型式批准

第十四条 省级市场监督管理部门应当自收到型式评价报告之日起十个工作日内,根据型式评价报告和计量法制管理的要求，对计量器具新产品的型式进行审查。审查合格的，向申请人颁发型式批准证书；审查不合格的，作出不予行政许可决定。

第十五条 制造已取得型式批准的计量器具的，应当在其使用说明书中标注国家统一规定的型式批准标志和编号。

第十六条 采用委托加工方式制造计量器具的，被委托方应当取得与委托加工计量器具相应的型式批准，并与委托方签订书面委托合同。委托加工的计量器具，应当标注委托方、被委托方的单位名称、地址、被委托方的型式批准标志和编号。

第十七条 制造已取得型式批准的计量器具，不得擅自改变原批准的型式。对原有产品在结构、材质、关键零部件等方面做了重大改进导致性能、技术特征发生变更的，应当重新申请型式批准。

第十八条 生产者制造计量器具应当具有与所制造的计量器具相适应的设施、人员和检定仪器设备等，并对其制造的计量器具负责，保证其计量性能符合相关要求。鼓励生产者建立完善的测量管理体系,自愿申请测量管理体系认证。

第十九条 县级以上地方市场监督管理部门应当按照国家有关规定,对制造计量器具的质量、实际制造产品与批准型式的一致性等进行监督检查。

第五章 法律责任

第二十条 制造、销售未经型式批准的计量器具的,由县级以上地方市场监督管理部门按照《中华人民共和国计量法》《中华人民共和国计量法实施细则》的有关规定予以处罚。

第二十一条 未按规定标注型式批准标志和编号的,由县级以上市场监督管理部门责令改正,处三万元以下罚款。

第二十二条 制造、销售的计量器具与批准的型式不一致的,由县级以上市场监督管理部门责令改正,处五万元以下罚款。

第二十三条 未持续符合型式批准条

件，不再具有与所制造的计量器具相适应的设施、人员和检定仪器设备的，由县级以上市场监督管理部门责令改正；逾期未改正的，处三万元以下罚款。

第二十四条　计量器具产品质量监督抽查不合格的，按照产品质量监督抽查的有关规定处理。

第二十五条　承担型式评价的技术机构及工作人员，应当对申请人提供的样机和技术文件、资料予以保密。违反保密规定的，应当按照国家有关规定，赔偿申请人的损失。需要给予违法公职人员政务处分的，应当依照有关规定将相关案件线索移送监察机关处理；构成犯罪的，移送监察机关或者司法机关处理。

第六章　附　　则

第二十六条　进口计量器具型式批准，按照《中华人民共和国进口计量器具监督管理办法》执行。

第二十七条　与本办法有关的申请

书、型式批准证书、型式批准标志和编号的式样等，由国家市场监督管理总局统一规定。

第二十八条 按照本办法实施型式批准，应当遵守国家法律、法规和国家市场监督管理总局关于行政许可办理程序的有关规定。

第二十九条 本办法自2023年6月1日起施行。2005年5月20日原国家质量监督检验检疫总局令第74号公布的《计量器具新产品管理办法》同时废止。

中华人民共和国依法管理的计量器具目录

(1987年7月10日国家计量局〔1987〕量局法字第231号发布)

一、根据《中华人民共和国计量法实施细则》第六十一条、第六十三条的规定,制定本目录。

二、本目录所列的各类计量器具为依法管理的范围,项目名称为:

(一)计量基准:项目名称另行公布。

(二)计量标准和工作计量器具:

1. 长度计量器具

比长仪、干涉仪、稳频激光器、测长机、测长仪、工具显微镜、读数显微镜、光学计、测量用投影仪、三坐标测量仪、球径仪、球径仪样板、圆度仪、锥度测量仪、孔径测量仪、比较仪、测微仪、光学仪器检具、量块、尺、基线尺、线纹尺、光栅尺、光栅测量装置、磁尺、容栅尺、水准标尺、感应同步器、测绳、卡尺、千分尺、百分表、千分表、测微计、小孔内径表、平晶，刀口尺、棱尺、平尺、测量平板、木直尺检定器、千分尺检具、百分表检定器、千分表检定仪、测微仪检定器、多面棱体、度盘、测角仪、分度台、分度头、准直仪、角度块、角度规、直角尺、正弦尺、方箱、水平仪、象限仪、直角尺检定仪、水平仪检定器、塞规、卡规、环规、圆锥套规、塞尺、半径样板、螺纹量规、螺纹样板、三针、粗糙度样板、粗糙度测量显微镜、表面轮廓仪、齿轮渐开线检查仪、齿轮周节检查仪、齿轮基节检查仪、齿轮啮合检查仪、齿轮径向跳动检查仪、齿轮螺旋线检查仪、齿轮公法线检查仪、正切齿厚规、万能测齿仪、齿轮参数综合测量仪、齿轮渐开线样板、齿轮螺旋线样板、丝杠检查仪、经纬仪、水准仪、平板仪、测高仪、高度表、测距仪、测厚仪、刀具检查仪、轴承检查仪、面积计、皮革面积板。

2. 热学计量器具

热电偶、热电阻、温度灯、温度计、高温计、辐射感温器、体温计、温度计检定装置、电子电位差计、电子平衡电桥、高温毫伏计、比率计、温度指示调节仪、温度变送器、温度自动控制仪、温度巡回检测仪、测温电桥、热量计、比热装置、热物性测定装置、热流计、热象仪。

3. 力学计量器具

砝码、天平、秤、定量包装机、称重传感器、轨道衡、检衡车、台秤检定器、量器、量提、注射器、计量罐、计量罐车、加油机、售油器、容重器、密度计、酒精计、乳汁计、糖量计、盐量计、压力计、压力真空计、气压计、微压计、眼压计、血压计、压力表、压力真空表、微压表、压力变送器、压力传感器、压力表校验仪、血压计检定器、真空计、流量计、水表、煤气表、明渠流量测量仪、流速计、流量二次仪表、流量变送器、流量检定装置、标准体积管、水表检定装置、硬度块、压头、硬度计、测力机、测力计、扭矩机、扭矩计、拉力表、力传感器、冲击试验机、疲劳试验机、拉力试验机、压力试验机、弯曲试验机、万能材料试验机、抗折试验机、无损检测仪、杯突试验机、扭转试验机、高温蠕变试验机、木材试验机、强力计、应变仪、应变仪检定装置、引伸计、应变计参数测量装置、应变模拟仪、振动检定装置、振动台、冲击检定装置、冲击试验台、加速度计、测振仪、振动冲击测量仪、振动传感器、速度传感器、重力仪、转速表检定装置、速度表、测速仪、转速表、里程表、里程计价表、里程计价表检定装置。

4. 电磁学计量器具

标准电池、标准电压源、标准电流源、标准电功率源、标准电阻、电阻箱、标准电容、测量用可变电容器、电容箱、标准电感、标准互感线圈、电感箱、电位差计、标准电池比较仪、电桥、电阻测量仪、欧姆表、毫欧计、兆欧表、高阻计、电表检定装置、电流表、毫安表、微安表、电压表、毫伏表、微伏表、电功率表、频率表、功率因数表、相位表、检流计、万用表、电度表、电度表检定装置、互感器校验仪、互感器校验仪检定装置、测量互感器、感应分压器、直流分压箱、分流计、磁性材料磁特性测量装置、标准磁性材料、标准磁带、磁通量具；磁通测量线圈、磁通计、磁强计。

5. 无线电计量器具

高频电压标准、同轴热电转换器、微电位计、高频电压表、高频毫伏表、高频微伏表、低频电压标准源、低频电压表、高频电流表、校准接收机、标准信号发生器、调幅度仪、频偏仪、调制度仪、失真度仪检定装置、失真度仪、低失真信号发生器、音频分析仪、脉冲发生器、时标发生器、标准脉冲幅度发生器、脉冲电压表、高频阻抗分析仪、高频标准电阻、高频标准电感、高频标准电容、Q 表、高频 Q 值标准线圈、高频介质标准样片、高频电容损耗标准、高频零示电桥、谐振式阻抗仪、矢量阻抗表、矢量阻抗分析仪、高频电容损耗仪、高频介质损耗仪、高频微波功率座、高频微波功率计、高频微波功率指示器、高频微波功率计校准装置、衰减器校准装置、衰减器、相位标准、相位计、移相器、相位发生器、微波阻抗标准装置、微波阻抗标准负载、测量线、反射计、阻抗图示仪、网络分析仪、高频微波噪声发生器、高频微波噪声测量仪、标准场强发生器、高频近区标准场装置、微波标准天线、高频场强计、微波漏能仪、测量接收机、干扰测量仪、脉冲响应校准器、晶体管图示仪、晶体管图示仪校准装置、晶体管参数测试仪、电子管参数测试仪、频谱分析仪、波形分析仪、电视综合测试仪、电视参数测试仪、示波器、示波器校准仪、抖晃仪、雷达综合测试仪、心电图仪检定装置、脑电图仪检定装置、心脑电图仪、半导体材料工艺参数测量标准、半导体材料工艺参数测量仪、集成电路参数测量标准、集成电路参数测量仪。

6. 时间频率计量器具

原子频率标准、石英晶体频率标准、频率合成器、频标比对器、相位噪声测量装置、比相仪、彩色电视副载频校频仪、频率计、频率表、频率计数器、时间间隔计数器、时间合成器、原子钟、标准石英钟、精密钟检定仪、精密钟、航海钟、校表仪、时钟检定仪、秒表检定仪、秒表、电子毫秒表、电子计时器。

7. 声学计量器具

测量用传声器、标准传声器、声极标准器、声级计、杂音计、声学标准噪声源、倍频程与 1/3 倍频程滤波器、仿真耳、水听器、听力计、耳机测量标准耦合腔、助听器测量仪、超声功率计、医用超声源。

8. 光学计量器具

光学标准灯、微弱光标准、积分球、脉冲光测量仪、光探测器、照度计、亮度计、色温计、标准黑体、标准色板、色差计、白度计、测色光谱光度计、标准滤色片、感光度标准、感光仪、光密度计、激光能量计、激光功率计、医用激光源、标准鉴别率板、折射计、焦距仪、光学传递函数仪、屈光度计、验光镜片、验光机、光泽度计。

9. 电离辐射计量器具

标准辐射源、活度标准装置、活度计、

4πγ电离室、医用活度测量装置、γ谱仪、X谱仪、电离辐射计数器、比释动能测量仪、剂量标准装置、剂量计、剂量率标准装置、剂量率测量仪、剂量当量仪、中子雷姆计、剂量当量率仪、照射量标准装置、照射量计、医用辐射源、照射量率标准装置、注量标准装置、注量测量仪、注量率标准装置、注量率测量仪、活化探测器、电子束能量测量仪、电离辐射防护仪。

10. 物理化学计量器具

电导仪、酸度计、离子计、电位滴定仪、库仑计、极谱仪、伏安分析仪、比色计、分光光度计、光度计、光谱仪、旋光仪、折射率仪、浊度计、色谱仪、电泳仪、烟尘粉尘测量仪、粒度测量仪、水质监测仪、测氡仪、气体分析仪、瓦斯计、测汞仪、测爆仪、呼出气体酒精含量探测器、熔点测定仪、水分测定仪、湿度计、标准湿度发生器、露点仪、粘度计、测量用电子显微镜、X光衍射仪、能谱仪、电子探针、离子探针、质谱仪、波谱仪、血球计数器、验血板。

11. 标准物质

钢铁成分分析标准物质、有色金属成分分析标准物质、建材成分分析标准物质、核材料成分分析与放射性测量标准物质、高分子材料特性测量标准物质、化工产品成分分析标准物质、地质矿产成分分析标准物质、环境化学分析标准物质、临床化学分析与药品成分分析标准物质、食品成分分析标准物质、煤炭石油成分分析和物理特性测量标准物质、物理特性与物理化学特性测量标准物质、工程技术特性测量标准物质。

12. 专用计量器具

（三）属于计量基准、计量标准和工作计量器具的新产品。

三、专用计量器具的具体项目名称，由国务院有关部门计量机构拟定，报国务院计量行政部门审核后另行发布。

四、本目录由国务院计量行政部门负责解释。

五、本目录自发布之日起施行。

质检总局关于取消制造、修理计量器具许可事项的公告

（2018年1月3日国家质量监督检验检疫总局公告2018年第2号发布）

2017年12月27日，国家主席习近平签署第八十六号主席令，公布《全国人民代表大会常务委员会关于修改〈中华人民共和国招标投标法〉、〈中华人民共和国计量法〉的决定》，取消了制造、修理计量器具许可的审批事项。根据这一决定，为做好相关工作，现就有关事项公告如下：

一、自2017年12月28日起，县级以上人民政府计量行政部门不再受理制造、修理计量器具许可申请。对2017年12月28日前已经受理但尚未完成的，依照《质量监督检验检疫行政许可实施办法》第三

十九条、第四十条等规定终止办理。

二、取消制造、修理计量器具许可后，县级以上人民政府计量行政部门应当依据《中华人民共和国计量法》第十八条的规定，依法对制造、修理、销售、进口和使用计量器具，以及计量检定等相关计量活动进行监督检查。

特此公告。

关于发布《首批重点管理的计量器具目录》的通知

（1999年2月11日国家质量技术监督局
质技监局政发〔1999〕41号）

各省、自治区、直辖市技术监督局：

根据《制造、修理计量器具许可证监督管理办法》（国家质量技术监督局局长令第2号）的规定，现发布《首批重点管理的计量器具目录》。凡列入本目录的计量器具，其制造许可证的申请、考核和发证工作，按照国家质量技术监督局的具体规定办理。

附件：首批重点管理的计量器具目录

附件：

首批重点管理的计量器具目录

1. 电能表
2. 水表
3. 煤气表
4. 衡器(不含杆秤)
5. 加油机(含加油机税控装置)
6. 出租汽车计价器

关于发布《重点管理的计量器具目录(第二批)》的通知

(2007 年 10 月 9 日国家质量监督检验检疫总局国质检量函〔2007〕837 号)

各省、自治区、直辖市质量技术监督局：

根据《制造、修理计量器具许可证监督管理办法》的规定，现发布《重点管理的计量器具目录(第二批)》。凡列入本目录的计量器具，其制造许可证的受理申请、考核和发证工作由省、自治区、直辖市质量技术监督部门办理；其型式评价按照《计量器具新产品管理办法》的规定，由国家质检总局授权的技术机构进行。

附件：重点管理的计量器具目录(第二批)

附件：

重点管理的计量器具目录(第二批)

1. 热能表
2. 粉尘测量仪
3. 甲烷测定器(瓦斯计)

计量检定印、证管理办法

（1987年7月10日国家计量局
〔1987〕量局法字第231号发布）

第一条 根据《中华人民共和国计量法实施细则》第六十三条的规定，制定本办法。

第二条 凡法定计量检定机构执行检定任务和县级以上人民政府计量行政部门授权的有关技术机构执行规定的检定任务，出具检定证或加盖检定印，均须遵守本办法。

第三条 计量检定印、证包括：

（一）检定证书；

（二）检定结果通知书；

（三）检定合格证；

（四）检定合格印：錾印、喷印、钳印、

漆封印；

（五）注销印。

计量检定印、证的规格、式样，由国务院计量行政部门规定。

第四条 计量检定印、证上使用的代号，按照全国行政区划编排。

省级以上法定计量检定机构的，由国务院计量行政部门规定；省级以下法定计量检定机构的，由省级人民政府计量行政部门规定；被授权单位的，由授权单位规定。

地方人民政府计量行政部门规定的代号，由省级人民政府计量行政部门统一向国务院计量行政部门备案。

第五条 计量器具经检定合格的，由检定单位按照计量检定规程的规定，出具检定证书、检定合格证或加盖检定合格印。

第六条 计量器具经周期检定不合格的，由检定单位出具检定结果通知书，或注销原检定合格印、证。

第七条 计量器具在检定周期内抽检不合格的，应注销原检定证书或检定合格印、证。

第八条 检定证书，检定结果通知书必须字迹清楚、数据无误，有检定、核验、主管人员签字，并加盖检定单位印章。

第九条 检定合格印应清晰完整。残缺、磨损的检定合格印，应即停止使用。

第十条 计量检定印、证应有专人保管，并建立使用管理制度。

第十一条 本办法第三条规定范围的计量检定印、证，由国务院计量行政部门定点监制。

定做计量检定印、证，须持县级以上人民政府计量行政部门的证明。

第十二条 对伪造、盗用、倒卖强制检定印、证的，依照《中华人民共和国计量法实施细则》的规定追究法律责任。

第十三条 本办法由国务院计量行政部门负责解释。

第十四条 本办法自发布之日起施行。

法定计量检定机构监督管理办法

（2024年9月12日国家市场监督管理总局令第92号公布）

第一条 为了加强法定计量检定机构的监督管理，规范法定计量检定机构行为，保障国家计量单位制的统一和量值的准确可靠，根据《中华人民共和国计量法》和《中华人民共和国计量法实施细则》的有关规定，制定本办法。

第二条 法定计量检定机构的监督管理，适用本办法。

第三条 本办法所称法定计量检定机构，是指县级以上市场监督管理部门依法设置的计量检定机构，以及授权的专业性或者区域性计量检定机构。

第四条 国家市场监督管理总局对全

国法定计量检定机构实施统一监督管理。

县级以上地方市场监督管理部门对本行政区域内的法定计量检定机构实施监督管理。

第五条 国家市场监督管理总局和省级市场监督管理部门应当按照合理布局、优化结构配置的原则，对法定计量检定机构的设置和授权进行统筹规划。

设区的市、县级市场监督管理部门应当根据规划要求，设置或者授权法定计量检定机构。因特殊情况确需突破规划要求的，应当报请省级市场监督管理部门批准。

第六条 申请作为法定计量检定机构应当具备以下条件：

（一）具有法人资格；不具有法人资格的，应当经其所属法人单位同意，并由法人单位依法承担相应法律责任；

（二）有与其申请开展的项目相适应的计量基准、计量标准；

（三）有与其开展相关计量活动相适应的场地、环境、设施、制度和人员；

（四）符合国家相关计量技术规范的要求。

第七条 法定计量检定机构应当履行下列职责：

（一）为实施计量监督管理提供技术支撑；

（二）研究、建立、保存和维护计量基准、社会公用计量标准或者相关专业项目的计量标准；

（三）开展量值传递，执行计量检定、型式评价、商品量计量检验等任务；

（四）组织或者参加计量比对；

（五）提供计量校准、测试服务；

（六）研究和起草计量技术规范；

（七）开展公益性计量科普和教育实践活动；

（八）国家规定的其他计量工作。

第八条 鼓励有条件的法定计量检定机构加强应用计量技术研究，研制标准物质，为企业技术研发和质量提升提供计量支持，加强民生计量、诚信计量体系建设，开展计量风险收集、评估、识别、预警。

第九条 法定计量检定机构应当遵守国家有关法律法规的规定，遵循客观独立、公平公正、诚实信用原则，承担社会责任，保证其出具的证书和报告真实、客观、准确、完整。

法定计量检定机构应当采取防伪措施，供有关部门、利益相关方和社会公众查验证书和报告的真伪。

第十条 执行计量检定任务的专业技术人员，应当具备相应级别的注册计量师职业资格并经过注册。

法律法规对计量专业技术人员另有规定的，从其规定。

第十一条 国家市场监督管理总局负责组织对其依法设置和省级市场监督管理部门依法设置的计量检定机构进行能力评价和确认，并公布相关确认结果。

设区的市、县级市场监督管理部门依法设置的计量检定机构，由其上一级市场监督管理部门进行能力评价和确认，并公布相关确认结果。

第十二条 县级以上市场监督管理部门依据《计量授权管理办法》和相关计量技术规范组织对申请授权的计量技术机构进行考核和授权。

第十三条 鼓励法定计量检定机构在其官方网站或者以其他方式对其遵守法定要求、独立公正开展量值传递和溯源工作、履行社会责任、严守诚实信用，以及收费标准等情况进行自我声明，并对声明内容的合法性、真实性、全面性、准确性负责。

法定计量检定机构的基本条件和技术能力应当持续符合能力确认或者授权的条件，确保资源投入，满足执行法制计量任务和相关计量技术规范要求，并向同级和给予能力确认或者授权的市场监督管理部门报告其履行职责情况以及统计数据等信息。

第十四条 法定计量检定机构应当对原始记录、证书或者报告等技术资料，根据其所涉事项的重要程度采取分级分类管理，进行归档留存，保存时间不少于六年。国家另有规定的，从其规定。

第十五条 法定计量检定机构及其人员不得有下列行为：

（一）擅自改造、拆迁、改变计量基准，或者故意损坏计量基准设备，致使计量基准量值失准、停用或者报废；

（二）擅自更换、封存、停用、注销、破坏计量标准；

（三）擅自出租、出借或者以其他方式转让计量标准；

（四）妨碍量值传递或者溯源；

（五）出具虚假、不实证书或者报告；

（六）执行计量检定、型式评价、商品量计量检验等任务的人员不符合本办法第十条规定；

（七）擅自超过能力确认或者授权的期限、范围、区域执行相关计量检定、型式评价、商品量计量检验任务。

第十六条 法定计量检定机构出具的证书或者报告有下列情形之一的，属于出具虚假、不实证书或者报告：

（一）未经计量检定、型式评价、商品量计量检验、校准和测试的；

（二）伪造、变造原始数据或者记录的；

（三）未按相关计量技术规范执行计量检定、型式评价、商品量计量检验等任务的；

（四）使用未经考核合格或者超过有效期的计量基准、计量标准出具证书或者报告的；

（五）伪造法定计量检定机构公章或者计量专用章，伪造计量检定人员、证书或者报告批准人的签名或者签发时间的。

第十七条　任何单位或者个人不得伪造、变造、冒用、租赁、出借、买卖或者以其他方式转让相关计量印章、证书、报告或者标志。

第十八条　法定计量检定机构及其人员应当对其在工作中所知悉的国家秘密、商业秘密和个人隐私予以保密。

第十九条 县级以上市场监督管理部门应当加强对本行政区域内的法定计量检定机构的监督检查。监督检查主要内容包括:

(一)本办法的执行情况;

(二)相关计量技术规范的执行情况;

(三)计量基准、社会公用计量标准、专业项目计量标准管理情况;

(四)执行国家计量收费有关规定的情况;

(五)职业规范和能力建设情况。

法定计量检定机构对市场监督管理部门依法实施的监督检查应当予以配合,不得拒绝、阻挠。

第二十条 县级以上市场监督管理部门应当根据工作需要采用组织计量比对、盲样试验等方式对本行政区域内的法定计量检定机构开展能力核查。

法定计量检定机构应当按照要求参加前款规定的计量比对等工作。

第二十一条 监督检查、能力核查结果不符合有关规定要求的，市场监督管理部门应当责令法定计量检定机构限期改正。

第二十二条 县级以上市场监督管理部门可以结合监督检查、能力核查、投诉举报情况等，对本行政区域内的法定计量检定机构进行分类监管。

第二十三条 法定计量检定机构有下列情形之一的，由县级以上市场监督管理部门责令限期改正，可以处十万元以下罚款：

（一）未依法取得县级以上市场监督管理部门能力确认或者授权，擅自开展计量检定、型式评价、商品量计量检验工作的；

（二）违反本办法第十三条第二款规定，基本条件和技术能力不能持续符合能力确认或者授权的条件、要求，擅自执行相关计量检定、型式评价、商品量计量检验任务的；

（三）违反本办法第十五条第七项规

定，擅自超过能力确认或者授权的期限、范围、区域执行相关计量检定、型式评价、商品量计量检验任务的。

第二十四条 违反本办法第十五条第一项、第二项、第三项、第四项、第六项规定的，由县级以上市场监督管理部门责令限期改正，可以处十万元以下罚款。

第二十五条 违反本办法第十五条第五项规定的，由县级以上市场监督管理部门处十万元以下罚款。法律、法规另有规定的，从其规定。

第二十六条 违反本办法第十七条规定，伪造、变造、冒用、租赁、出借、买卖或者以其他方式转让相关计量印章、证书、报告或者标志的，由县级以上市场监督管理部门没收其非法印章、证书、报告或者标志和全部违法所得，可以处十万元以下罚款。法律、法规另有规定的，从其规定。

第二十七条 违反本办法规定，性质恶劣、情节严重、社会危害较大、受到较重行政处罚的，由县级以上市场监督管理部门按照《市场监督管理严重违法失信名单管理办法》的有关规定列入严重违法失信名单。

第二十八条 违反本办法规定,构成犯罪的,依法追究刑事责任。

市场监督管理部门在法定计量检定机构监督管理工作中发现的公职人员涉嫌违纪违法问题线索,应当及时移送有管辖权的纪检监察机关。

第二十九条 国家市场监督管理总局制定法定计量检定机构标志的式样,并予以公布。

第三十条 本办法自2025年1月1日起施行。2001年1月21日原国家质量技术监督局令第15号公布的《法定计量检定机构监督管理办法》同时废止。

专业计量站管理办法

（2024 年 9 月 12 日国家市场监督管理总局令第 93 号公布）

第一条 为了加强专业计量站的监督管理，规范专业计量站行为，保障国家计量单位制的统一和量值的准确可靠，根据《中华人民共和国计量法》和《中华人民共和国计量法实施细则》的有关规定，制定本办法。

第二条 专业计量站的建立、执行授权任务及其监督管理，适用本办法。

第三条 本办法所称专业计量站，是指县级以上市场监督管理部门依法授权的专业性法定计量检定机构。

专业计量站包括国家专业计量站和地方专业计量站。国家专业计量站包括总站和分站，总站和分站应当协同运作。总站应当统筹本领域专业计量的发展，组织计量比对、技术交流等，分站在业务上接受总站指导。

第四条 专业计量站是保障国家计量单位制统一和量值准确可靠的重要技术力量，是国家量值传递和溯源体系有效运行的重要组成部分，为行业和区域发展提供技术支撑，为监管部门依法实施监督管理提供技术保障。

第五条 国家市场监督管理总局和省级市场监督管理部门应当充分发挥行业部门专业技术力量，按照合理布局、优化结构配置的原则，对专业计量站授权进行统筹规划。

第六条 建立专业计量站，应当根据申请承担授权任务的区域，由申请授权任务单位的主管部门向相应的市场监督管理部门提出申请，并报送有关技术文件和资料。

第七条 专业计量站应当具备以下

条件：

（一）具有法人资格；不具有法人资格的，应当经其所属法人单位同意，并由法人单位依法承担相应法律责任；

（二）有与其申请开展的项目相适应的计量基准、计量标准；

（三）有与其开展相关计量活动相适应的场地、环境、设施、制度和人员；

（四）符合国家相关计量技术规范的要求。

第八条 建立国家专业计量站，由国家市场监督管理总局组织考核发证。分站的考核由总站配合国家市场监督管理总局实施。

建立地方专业计量站，由相应的市场监督管理部门组织考核发证。建立与国家专业计量站授权项目相同的地方专业计量站，由相关国家专业计量站配合相应的市场监督管理部门实施考核。

市场监督管理部门应当依据《计量授权管理办法》和相关计量技术规范组织考

核和授权。

第九条 专业计量站应当履行以下职责：

（一）研究、建立、保存和维护计量基准、社会公用计量标准或者本专业项目的计量标准；

（二）开展授权范围内的量值传递，执行计量检定、型式评价等任务；

（三）提出本专业计量发展规划；

（四）开展计量检定、校准、测试用设备和方法的研究；

（五）研究和起草本专业项目的计量技术规范；

（六）组织或者参加计量比对；

（七）提供计量校准、测试服务；

（八）为实施计量监督管理提供技术保障；

（九）国家规定的其他计量工作。

第十条 鼓励有条件的专业计量站加强专业计量技术和应用研究，参与产业计量测试中心建设工作，开展行业内计量风险收集、评估、识别、预警。

第十一条 专业计量站业务上接受授权的市场监督管理部门指导和监督，市场监督管理部门和主管部门应当加强专业计量站建设，为专业计量站提供必要的计量资源支持。

专业计量站站长由其主管部门征得授权的市场监督管理部门同意后任免，并报授权的市场监督管理部门备案。

第十二条 专业计量站的计量标准考核，由市场监督管理部门按照《计量标准考核办法》的规定执行。

地方市场监督管理部门在地方专业计量站组织建立的与国家专业计量站授权项目相同的社会公用计量标准，由相关国家专业计量站配合相应的市场监督管理部门实施考核。

第十三条 专业计量站应当在授权的项目、范围和区域内开展工作，需要调整授权的项目、范围、区域或者撤并机构的，由其主管部门向授权的市场监督管理部门提出申请。

第十四条 专业计量站的复查考核由授权的市场监督管理部门组织实施。

第十五条 专业计量站需要终止所承担授权项目工作的，应当提前六个月向授权的市场监督管理部门提出书面申请；经市场监督管理部门同意后予以终止。未经批准不得擅自终止工作。

第十六条 专业计量站及其人员不得有下列行为：

（一）擅自改造、拆迁、改变计量基准，或者故意损坏计量基准设备，致使计量基准量值失准、停用或者报废；

（二）擅自更换、封存、停用、注销、破坏计量标准；

（三）擅自出租、出借或者以其他方式转让计量标准；

（四）妨碍量值传递或者溯源；

（五）出具虚假、不实证书或者报告；

（六）执行计量检定、型式评价等任务的人员不符合规定；

（七）擅自超过授权的期限、范围或者区域，执行相关计量检定、型式评价任务。

第十七条 县级以上市场监督管理部门应当加强对本行政区域内专业计量站的监督检查。监督检查主要内容包括：

（一）本办法的执行情况；

（二）相关计量技术规范的执行情况；

（三）计量基准、社会公用计量标准、专业项目计量标准管理情况；

（四）执行国家计量收费有关规定的情况；

（五）职业规范和能力建设情况。

专业计量站的主管部门可根据本单位相关计量管理制度，结合前款规定，对专业计量站开展监督检查。

专业计量站对市场监督管理部门依法实施的监督检查应当予以配合，不得拒绝、阻挠。

第十八条 市场监督管理部门对监督检查结果不符合有关规定要求的专业计量站，应当责令限期改正，并将处理结果通报其主管部门。

第十九条 专业计量站及其人员违反本办法规定的，由县级以上市场监督管理部门依据《法定计量检定机构监督管理办法》有关规定处理。

专业计量站的监督管理，本办法未作规定的，适用《法定计量检定机构监督管理办法》有关规定。

市场监督管理部门在专业计量站监督管理工作中发现的公职人员涉嫌违纪违法问题线索，应当及时移送有管辖权的纪检监察机关。

第二十条 本办法自2025年1月1日起施行。1991年9月15日原国家技术监督局令第24号公布的《专业计量站管理办法》同时废止。

注册计量师职业资格制度规定

（2019年10月30日市场监管总局、人力资源社会保障部国市监计量〔2019〕197号）

第一章　总　　则

第一条　为加强计量专业技术人员管理，提高计量专业技术人员素质，保障全国量值传递的准确可靠，根据《中华人民共和国计量法》《中华人民共和国计量法实施细则》和国家职业资格制度有关规定，制定本规定。

第二条　本规定适用于从事计量检定、校准、检验、测试等计量技术工作（以下简称计量技术工作）的专业技术人员。

第三条　国家设置注册计量师准入类

职业资格制度，纳入国家职业资格目录。

法定计量检定机构和市场监管部门授权技术机构中执行计量检定任务的专业技术人员，依据计量法律、法规有关规定，需经考试取得相应级别注册计量师职业资格证书并注册后，方可从事规定范围内的计量技术工作。

其他从事计量技术工作的专业技术人员，可根据需要取得注册计量师职业资格证书，作为具有相应能力的证明。

第四条 注册计量师分为一级注册计量师和二级注册计量师。

一级注册计量师英文译为 Level 1 Certified Metrology Engineer，二级注册计量师英文译为 Level 2 Certified Metrology Engineer。

第五条 市场监管总局、人力资源社会保障部共同制定注册计量师职业资格制度，并按照职责分工对该制度的实施进行指导、监督和检查。

各省、自治区、直辖市市场监管部门和

人力资源社会保障部门，按照职责分工负责本行政区域内注册计量师职业资格制度的实施与监管。

第二章　考　　试

第六条　注册计量师职业资格实行全国统一大纲、统一命题、统一组织的考试制度，原则上每年举行一次。

第七条　市场监管总局负责拟定注册计量师职业资格考试科目和考试大纲，组织命题、审题和主观题阅卷工作，并提出考试合格标准建议。

第八条　人力资源社会保障部负责审定注册计量师职业资格考试科目和考试大纲，组织实施注册计量师职业资格考试考务工作，会同市场监管总局确定合格标准，对考试工作进行指导、监督、检查。

第九条　凡遵守中华人民共和国宪法、法律、法规，恪守职业道德，诚实守信，从事计量技术工作，符合注册计量师职业资格考试报名条件的中华人民共和国公民，均可申请参加相应级别注册计量师的考试。香港、澳门、台湾居民和外籍人员按照国家有关规定执行。

第十条 一级注册计量师职业资格考试报名条件：

（一）取得理学或工学门类专业大学专科学历，工作满 6 年，其中从事计量技术工作满 4 年；

（二）取得理学或工学门类专业大学本科学历，工作满 4 年，其中从事计量技术工作满 3 年；

（三）取得理学或工学门类专业双学士学位或研究生班毕业，工作满 3 年，其中从事计量技术工作满 2 年；

（四）取得理学或工学门类专业硕士学位，工作满 2 年，其中从事计量技术工作满 1 年；

（五）取得理学或工学门类专业博士学位，从事计量技术工作满 1 年；

（六）取得其他学科门类专业相应学历、学位的人员，其工作年限和从事计量技术工作的最低年限相应增加1年。

第十一条 二级注册计量师职业资格考试报名条件：

取得中专及以上学历或学位，从事计量技术工作满1年。

第十二条 注册计量师职业资格考试合格，由各省、自治区、直辖市人力资源社会保障部门颁发相应级别注册计量师职业资格证书。该证书由人力资源社会保障部统一印制，市场监管总局与人力资源社会保障部共同用印，在全国范围内有效。

第十三条 以不正当手段取得注册计量师职业资格证书的，按照专业技术人员资格考试违纪违规行为处理规定进行处理。

第三章 注 册

第十四条 国家对法定计量检定机构和市场监管部门授权技术机构中执行计量检定任务的注册计量师实行注册管理。取得注册计量师职业资格证书的人员，需经注册取得《注册计量师注册证》(以下简称《注册证》)后,方可开展相应的计量检定活动。

第十五条 市场监管总局为一级注册计量师的注册审批机构。

各省、自治区、直辖市市场监管部门为二级注册计量师的注册审批机构。

第十六条 申请注册者,必须同时具备下列条件:

(一)取得注册计量师职业资格证书;

(二)遵纪守法,恪守职业道德;

(三)受聘于国家依法设置的计量检定机构或各级市场监管部门依法授权的计量技术机构;

(四)取得所申请注册的《计量专业项目考核合格证》(原各级质量技术监督部门颁发《计量检定员证》中核准的专业项目可视同计量专业项目考核合格证明)。

第十七条 《注册证》注册有效期为5年。《注册证》在有效期限内是注册计量师的执业凭证，由注册计量师本人保管和使用。

第十八条 申请人以欺骗、贿赂等不正当手段取得《注册证》的，应当予以撤销，当事人在3年内不得再次申请注册；构成犯罪的，依法追究刑事责任。

第十九条 注册审批机构应当定期向社会公布相应级别注册计量师注册的有关情况。

第四章 执 业

第二十条 注册计量师应当依据国家计量法律、法规的规定，在工作单位计量技术工作资质规定的业务范围内，开展相应的执业活动。

第二十一条 一级注册计量师执业范围：开展计量标准器具和工作计量器具的检定、校准以及其他计量技术工作，出具计量技术报告或相关证书，指导和培训本专业其他计量技术人员开展量值传递工作。

第二十二条 二级注册计量师执业范

围:开展计量标准器具的检定和工作计量器具的检定、校准以及其他计量技术工作,出具计量技术报告或相关证书。

第二十三条 一级注册计量师应当具备以下能力:

(一)有丰富的计量技术工作经验,熟悉国家计量法律、法规、规章及相关法律规定,熟练运用计量基本知识,进行测量不确定度分析与评定;

(二)熟悉本专业计量技术,了解国际相关标准或技术规范,以及计量技术发展前沿情况,具有计量技术课题研究能力和解决本领域复杂、疑难技术问题的能力;

(三)熟练掌握本领域计量技术规范,具有建立、使用和维护相关计量基准、计量标准,开展量值传递以及出具计量技术报告或相关证书的能力;能够指导本专业二级注册计量师开展量值传递工作。

第二十四条 二级注册计量师应当具备以下能力:

(一)有一定的计量技术工作经验,熟

悉国家计量法律、法规、规章及相关法律规定，掌握计量基础知识，具有正确使用和表述测量不确定度的能力；

（二）熟悉本专业计量技术，熟练掌握本领域计量技术法规，具有建立、使用和维护相关计量标准，开展量值传递以及出具计量技术报告或相关证书的能力。

第二十五条 因注册计量师出具的计量技术报告或相关证书不符合国家有关法律、法规、规章和技术规范要求，给用户造成经济损失的，按照有关法律法规进行处理。

第二十六条 注册计量师应当按照国家专业技术人员继续教育的有关规定接受继续教育，更新专业知识，提高业务水平。

第五章 权利与义务

第二十七条 注册计量师享有下列权利：

（一）使用相应级别注册计量师称谓；

（二）在注册的工作单位和规定范围

内依法从事计量技术工作，履行岗位职责；

（三）参加继续教育；

（四）获得相应的劳动报酬；

（五）在相关计量技术工作文件上签字；

（六）对侵犯本人权利的行为进行申诉。

第二十八条 注册计量师应当履行下列义务：

（一）遵守法律、法规和有关管理规定，恪守职业道德；

（二）执行计量法律、法规、规章及有关技术规范；

（三）保证计量技术工作的真实、可靠，以及原始数据和有关技术资料的准确、真实、完整，并承担相应责任；

（四）保守在计量技术工作中知悉的国家秘密和他人的技术或商业秘密。

第六章 附 则

第二十九条 专业技术人员取得一级

注册计量师职业资格，可认定其具备工程师职称；取得二级注册计量师职业资格，可按照工程技术人员职称制度有关要求，认定其具备助理工程师或技术员职称。专业技术人员取得注册计量师职业资格，可作为申报高一级职称的条件。

第三十条 注册计量师的注册管理以及继续教育等具体办法，由市场监管总局另行制定。

第三十一条 原各级质量技术监督部门颁发的《计量检定员证》继续有效。

第三十二条 本规定自发布之日起施行。原人事部、原质检总局印发的《注册计量师制度暂行规定》《注册计量师资格考试实施办法》《注册计量师资格考核认定办法》(国人部发〔2006〕40号)同时废止。根据国人部发〔2006〕40号文件取得的一级注册计量师、二级注册计量师职业资格证书继续有效。

注册计量师职业资格考试实施办法

（2019年10月30日市场监管总局、人力资源社会保障部国市监计量〔2019〕197号）

第一条 人力资源社会保障部、市场监管总局共同委托人力资源社会保障部人事考试中心承担注册计量师职业资格考试的具体考务工作。市场监管总局委托具备相应能力的单位承担注册计量师职业资格考试工作的命题、审题和主观题阅卷等具体工作。

各省、自治区、直辖市市场监管和人力资源社会保障部门共同负责本地区考试组织工作，具体职责分工由各地协商确定。

第二条 一级注册计量师职业资格考

试设《计量法律法规及综合知识》《测量数据处理与计量专业实务》《计量专业案例分析》3个科目。

第三条 二级注册计量师职业资格考试设《计量法律法规及综合知识》《计量专业实务与案例分析》2个科目。

第四条 参加一级注册计量师职业资格考试的人员,在连续3个考试年度内,参加各科目考试并合格,方可取得一级注册计量师职业资格证书;

参加二级注册计量师职业资格考试的人员,在连续2个考试年度内,参加各科目考试并合格,方可取得二级注册计量师职业资格证书。

第五条 已取得工程系列或自然科学研究系列高级职称的人员,参加一级注册计量师职业资格考试时,可免试《计量法律法规及综合知识》科目,只参加《测量数据处理与计量专业实务》《计量专业案例分析》科目考试。免试科目的人员须在连续2个考试年度内通过应试科目,方可取得一级注册计量师职业资格证书。

取得原各级质量技术监督部门颁发的《计量检定员证》的人员,参加二级注册计量师职业资格考试时,可免试《计量专业实务与案例分析》科目,只参加《计量法律法规及综合知识》科目考试。免试科目的人员须在1个考试年度内通过应试科目,方可取得二级注册计量师职业资格证书。

第六条 符合注册计量师职业资格考试报名条件的报考人员,按照当地人事考试机构规定的程序和要求完成报名。参加考试人员凭准考证和有效证件在指定的日期、时间和地点参加考试。

中央和国家机关各部门及所属单位、中央管理企业的专业技术人员按属地原则报名参加考试。

第七条 注册计量师职业资格考试考点原则上设在省会城市和直辖市的大、中专院校或高考定点学校。

第八条 注册计量师职业资格考试坚持考试与培训分开的原则。凡参与考试工作（包括命题、审题与组织管理等）的人员，不得参加考试，也不得参加或者举办与考试内容有关的培训。应考人员参加培训坚持自愿原则。

第九条 考试实施机构及其工作人员，应当严格执行国家人事考试工作人员纪律规定和考试工作的各项规章制度，遵守考试工作纪律，切实做好从考试试题的命制到使用等各环节的安全保密工作，严防泄密。

第十条 对违反考试工作纪律和有关规定的人员，按照国家专业技术人员资格考试违纪违规行为处理规定处理。

注册计量师注册管理规定

（2022年2月23日国家市场监督管理总局公告2022年第6号发布）

第一章　总　　则

第一条　为加强注册计量师的注册管理，根据《中华人民共和国计量法》《中华人民共和国计量法实施细则》《注册计量师职业资格制度规定》的有关规定，制定本规定。

第二条　本规定适用于注册计量师注册工作的组织实施和监督管理。

第三条　依法设置的计量检定机构和市场监管部门授权技术机构中执行计量检定任务的专业技术人员，依据计量法律、法规有关规定，需经考试取得相应级别注册计量师职业资格证书并注册后,方可从事规定范围内的计量技术工作。

第四条 市场监管总局统一负责全国注册计量师注册管理工作。各省、自治区、直辖市和新疆生产建设兵团市场监管部门(以下简称省级市场监管部门)负责本行政区域内的注册计量师注册管理工作。

省级市场监管部门为一级注册计量师、二级注册计量师的注册机关。

第二章 注册条件和程序

第五条 取得注册计量师职业资格证书的人员,申请初始注册应当具备下列条件:

(一)取得所申请注册执业的计量专业项目考核合格证(原各级质量技术监督部门颁发《计量检定员证》中核准的专业项目可视同计量专业项目考核合格证);

(二)受聘于依法设置的计量检定机构或市场监管部门授权技术机构(以下简称执业单位)。

第六条 申请人申请注册，可向执业单位所在地的省级市场监管部门提出注册申请，也可通过执业单位统一提出注册申请。初始注册需要提交以下材料：

（一）注册计量师初始注册申请审批表；

（二）注册计量师职业资格证书（包括电子证书）及复印件；

（三）计量专业项目考核合格证或原各级质量技术监督部门颁发的《计量检定员证》及复印件。

第七条 省级市场监管部门收到注册申请材料后，应当对其进行形式审查。申请材料不齐全或者不符合法定形式的，应当当场或者在5个工作日内，一次告知申请人或代理人需要补正的全部内容。申请材料齐全、符合法定形式的，应当受理其注册申请。

省级市场监管部门受理或者不予受理注册申请，应当向申请人出具加盖本单位专用印章和注明日期的凭证。

第八条 省级市场监管部门应当自受理申请材料之日起20个工作日内作出准予或不予注册的决定。20个工作日不能作出决定的，经省级市场监管部门负责人批准，可以延长10个工作日，并应当将延长期限的理由告知申请人。

第九条 省级市场监管部门作出准予注册决定的，应当自作出决定之日起10个工作日内向申请人颁发《中华人民共和国注册计量师注册证》（以下简称《注册计量师注册证》）。《注册计量师注册证》有效期为5年。

第十条 省级市场监管部门作出不予注册决定的，应当自作出决定之日起10个工作日内书面通知申请人。书面通知中应当说明不予注册的理由，并告知申请人享有依法申请行政复议或者提起行政诉讼的权利。

第十一条 注册计量师注册有效期届满需继续执业的，应当在届满60个工作日前，向执业单位所在地的省级市场监管部门提出延续注册申请。延续注册需提交《注册计量师延续注册申请审批表》、《注册计量师注册证》及复印件。

延续注册的受理和批准程序同初始注册。

第十二条 在《注册计量师注册证》有效期内，注册计量师执业单位或者计量专业类别发生变化的，应当向执业单位所在地的省级市场监管部门提出变更注册申请。

变更注册申请需要提交《注册计量师变更注册申请审批表》、《注册计量师注册证》及复印件。申请新增计量专业类别的，还应当提交相应的计量专业项目考核合格证或原各级质量技术监督部门颁发的《计量检定员证》及复印件。申请执业单位更名的，应当提交执业单位更名的相关文件及复印件。

申请变更执业单位的，应当与原执业单位解除聘用关系，并被新的执业单位正式聘用。

第十三条 变更注册后,《注册计量师注册证》有效期仍延续原注册有效期。原注册有效期届满在6个月以内的,可以同时提出延续注册申请。准予延续的,注册有效期重新计算。

变更注册的受理和批准程序同初始注册。

第三章 计量专业项目考核

第十四条 省级市场监管部门负责本行政区域内的计量专业项目考核,可指定具有相应能力的单位组织考核,也可由注册计量师执业单位自行组织考核。

第十五条 组织计量专业项目考核的单位(以下简称组织考核单位)应当建立相关管理制度,制定考核工作程序,在规定的时限内完成考核任务。

第十六条 申请计量专业项目考核的人员,应当通过执业单位向组织考核单位提出申请,并提交计量专业项目考核申请表。

第十七条 计量专业项目考核包括计量专业项目操作技能考核及计量专业项目知识考核。

计量专业项目操作技能考核主要包括相应计量器具检定全过程的实际操作、计量检定结果的数据处理和计量检定证书的出具等。

计量专业项目知识考核主要包括计量专业基础知识、相应计量专业项目的计量技术法规、相应计量标准的工作原理以及使用维护知识等。

第十八条 计量专业项目操作技能考核和计量专业项目知识考核分别按百分制评分，其中计量专业项目操作技能考核70分为及格，计量专业项目知识考核60分为及格。

第十九条 组织考核单位对计量专业项目考核合格的申请人签发计量专业项目考核合格证，并保留考核档案材料。

第二十条 参加计量专业项目考核的人员，必须遵守考场纪律，有作弊行为的，取消考核资格，2 年内不得再次申请计量专业项目考核。

第二十一条 计量专业项目主考人员弄虚作假、玩忽职守的，取消其承担相应考核任务的资格，并通报其所在单位，涉嫌存在其他违法行为的，依法予以处理。

第二十二条 组织考核工作的单位和有关人员，应当遵守国家和市场监管总局有关保密、考试和培训等规定，不得营私舞弊。

第四章 监督管理

第二十三条 市场监管总局对省级市场监管部门的注册工作进行监督检查，发现注册不符合本办法规定的，应当通知省级市场监管部门及时予以纠正。

第二十四条 省级市场监管部门应当对本行政区域内注册计量师的任职资格和执业情况、计量专业项目考核等工作进行监督检查。

第二十五条 申请注册人员有下列情

形之一的,不予注册:

(一)不具备完全民事行为能力的;

(二)刑事处罚尚未执行完毕的;

(三)因在计量技术工作中受到刑事处罚的,自刑事处罚执行完毕之日起至申请注册之日止不满2年的;

(四)法律、法规规定不予注册的其他情形。

第二十六条 注册计量师有下列情形之一的,由执业单位所在地的省级市场监管部门予以注销注册:

(一)不再具有完全民事行为能力的;

(二)申请注销注册的;

(三)注册有效期满且未延续注册的;

(四)被依法撤回、撤销、吊销注册的;

(五)受到刑事处罚的;

(六)与执业单位解除劳动或聘用关系的;

(七)执业单位被依法取消计量技术工作资质的;

(八)应当注销注册的其他情形。

第二十七条 《注册计量师注册证》遗失、污损需要补办、更换的，应当持执业单位和本人共同出具的遗失说明，或者污损的原《注册计量师注册证》，向执业单位所在地的省级市场监管部门申请补办、更换。

第二十八条 不得买卖、租借和涂改《注册计量师注册证》，违反相关规定的，依法依规列入市场监督管理严重违法失信名单。

对使用伪造、变造《注册计量师注册证》的，市场监管部门发现后予以收缴，依法依规列入市场监督管理严重违法失信名单，3 年内不得再次申请注册；构成犯罪的，移送相关部门依法追究刑事责任。

第二十九条 申请人以欺骗、贿赂等不正当手段取得《注册计量师注册证》的，由作出批准决定的省级市场监管部门撤销《注册计量师注册证》，申请人在 3 年内不得再次申请注册，依法依规列入市场监督管理严重违法失信名单，并依法给予行政处罚；构成犯罪的，移送相关部门依法追究刑事责任。

第三十条 注册计量师应当按照注册的计量专业类别和计量专业项目考核合格证列明的技术能力，从事相应的执业活动。注册计量师未按本办法规定进行执业活动的，市场监管部门应当依法予以处理。

第三十一条 执业单位、注册计量师和组织考核单位应当对市场监管部门的监督检查予以协助、配合，不得拒绝、阻挠。

第三十二条 各级市场监管部门应当将有关严重违法失信主体，依法依规列入市场监督管理严重违法失信名单，强化信用监管。

第五章 附 则

第三十三条 凡是通过法定证照、书面告知承诺、政府部门内部核查或者部门间核查、网络核验等能够办理的，省级市场监管部门不得要求申请人额外提供证明材料。

第三十四条 申请人和所在的执业单位应当分别对申请材料内容的真实性负责。

第三十五条 《注册计量师注册证》为注册计量师的执业凭证，由注册计量师本人保管和使用。

第三十六条 注册计量师因丧失行为能力、死亡或被宣告失踪的，其《注册计量师注册证》失效。

第三十七条 注册计量师在执业范围内应当对执业单位的计量工作进行监督，对执业单位违反有关法律、法规、部门规章、规范性文件和计量技术规范的行为或者决定，提出劝告、制止或者拒绝执行，并向执业单位所在地的省级市场监管部门报告。

第三十八条 执业单位应当按照国家有关规定，对注册计量师开展继续教育，确保注册计量师持续满足岗位要求。

第三十九条 省级市场监管部门应当按照行政许可的有关要求向社会公布注册

计量师注册、注销、撤销和《注册计量师注册证》失效的人员名单，并于每年12月31日前将注册计量师注册整体情况、监督检查情况等报市场监管总局。

第四十条 本规定所涉及的有关证书、表格式样和《国家计量专业项目分类表》由市场监管总局统一规定。《注册计量师注册证》由各省级市场监管部门组织印制。

第四十一条 按照本办法实施注册计量师注册，应当遵守国家法律、法规和市场监管总局关于行政许可办理程序的有关规定。

第四十二条 各省级市场监管部门可按照《注册计量师职业资格制度规定》和本规定要求，根据地方实际制定具体办法并组织实施。

第四十三条 本规定由市场监管总局负责解释。

第四十四条 本规定自2022年5月1日起施行。《注册计量师注册管理暂行规定》（原质检总局公告2013年第64号）同时废止。

计量监督员管理办法

(1987年7月10日国家计量局〔1987〕量局法字第231号发布)

第一条 根据《中华人民共和国计量法》第十九条和《中华人民共和国计量法实施细则》第二十七条的规定,制定本办法。

第二条 计量监督员是县级以上人民政府计量行政部门任命的、具有在现场执行行政处罚职能的计量执法人员,在规定的区域内执行计量监督任务。

第三条 县级以上人民政府计量行政部门对计量监督员的管理和计量监督员执行计量监督任务,必须遵守本办法。

第四条 计量监督员在销售计量器具和使用强制检定的工作计量器具的场所,

进行巡回检查,调解计量纠纷,组织仲裁检定,监督计量法律、法规的实施。

县级以上地方人民政府计量行政部门设置的计量监督员可在规定的权限内进行现场处理,执行行政处罚。计量监督员在现场处以罚款的限额为50元以下。

第五条 计量监督员应忠于职守,公平正直,正确执行计量法律、法规。

第六条 省级以上人民政府计量行政部门的计量监督员应具备以下业务条件:

(一)具有大专或相当于大专以上文化程度;

(二)熟悉计量法律、法规;

(三)具备监督工作范围内的专业知识;

(四)掌握有关的检定规程和计量器具的检定技术;

(五)从事计量工作3年以上,具有较强的组织能力和较高的政策水平。

第七条 省辖市、自治州和县级人民政府计量行政部门的计量监督员应具备以下业务条件：

（一）具有中专（高中）或相当于中专（高中）以上文化程度；

（二）熟悉计量法律、法规；

（三）具备监督工作范围内一般的专业知识；

（四）掌握有关的检定规程，能正确地检定有关计量器具；

（五）从事计量工作 2 年以上，具有一定的组织能力和政策水平。

第八条 县级以上地方人民政府计量行政部门设置计量监督员，由当地人民政府计量行政部门考核合格后任命并颁发计量监督员证件和标志。

国务院计量行政部门设置计量监督员，由国务院计量行政部门考核合格后任命并颁发计量监督员证件和标志。

第九条 县级以上人民政府计量行政部门，根据需要可在法定计量检定机构任命计量监督员，作为政府计量行政部门的派出人员，执行规定的计量监督任务。

在国家专业计量机构任命专业计量监督员，由国务院计量行政部门按本办法第六条规定的条件主持考核；在其分支机构任命专业计量监督员，由当地省级人民政府计量行政部门按本办法第七条规定的条件主持考核。

第十条 县级以上地方人民政府计量行政部门设置的计量监督员应登记造册，并向上一级人民政府计量行政部门备案。

第十一条 计量监督员应有统一的标志，执行监督检查和进行现场处理时，必须出示证件。

第十二条 计量监督员依法执行计量监督任务，受法律保护。以暴力或威胁的方法阻碍计量监督员依法执行职务的，提请司法部门追究法律责任。

第十三条 计量监督员调离监督工作岗位，应收回计量监督员证件和标志。

第十四条 计量监督员利用职权收受贿赂、营私舞弊、违法失职的，由所在单位给予行政处分，或由有关人民政府计量行政部门撤销其计量监督员职务；构成犯罪的，由司法部门依法追究刑事责任。

第十五条 计量监督员证件、标志，由国务院计量行政部门统一制定。

第十六条 本办法由国务院计量行政部门负责解释。

第十七条 本办法自发布之日起施行。

仲裁检定和计量调解办法

（1987年10月12日国家计量局
〔1987〕量局法字第373号发布）

第一章　总　　则

第一条　根据《中华人民共和国计量法》第二十一条和《中华人民共和国计量法实施细则》第八章的规定，制定本办法。

第二条　对计量纠纷进行仲裁检定和计量调解，必须遵守本办法。

第三条　计量纠纷是指因计量器具准确度所引起的纠纷。

处理计量纠纷，以国家计量基准或社会公用计量标准检定、测试的数据为准。

第四条　仲裁检定是指用计量基准或社会公用计量标准所进行的以裁决为目的的

的计量检定、测试活动。

计量调解是指在县级以上人民政府计量行政部门主持下,就当事人双方对计量纠纷之间进行的调解。

第五条 县级以上人民政府计量行政部门负责仲裁检定和计量调解,并由相应的工作机构受理和承办具体事项。

第二章 仲裁检定

第六条 申请仲裁检定应向所在地的县(市)级人民政府计量行政部门递交仲裁检定申请书,并根据仲裁检定的需要提交申请书副本。

司法机关、合同管理机关、涉外仲裁机关或者其他单位委托有关人民政府计量行政部门进行仲裁检定的,应出具仲裁检定委托书。

第七条 仲裁检定申请书应写明以下事项:

(一)计量纠纷双方的单位名称、地址及其法定代表人的姓名、职务;

（二）申请仲裁检定的理由与要求；

（三）有关证明材料或实物。

仲裁检定委托书应写明委托单位的名称、地址、委托仲裁检定的内容和要求。

第八条 接受仲裁检定申请或委托的人民政府计量行政部门，应在接受申请后7日内向被诉一方发出仲裁检定申请书副本或进行仲裁检定的通知，并确定仲裁检定的时间、地点。纠纷双方在接到通知后，应对与计量纠纷有关的计量器具实行保全措施。

第九条 仲裁检定由县级以上人民政府计量行政部门指定有关计量检定机构进行。

第十条 进行仲裁检定应有当事人双方在场。无正当理由拒不到场的，可进行缺席仲裁检定。

第十一条 承担仲裁检定的有关计量检定机构应在规定的期限内完成检定、测试任务，并对仲裁检定的结果出具仲裁检定证书，经仲裁检定人员签字并加盖仲裁检定机构的印章后，报有关人民政府计量行政部门。

第十二条 仲裁检定结果应经受理仲裁检定的政府计量行政部门审核后，通知当事人或委托单位。

第十三条 当事人一方或双方对一次仲裁检定不服的，在收到仲裁检定结果通知书之日起15日内可向上一级人民政府计量行政部门申请二次仲裁检定。上一级人民政府计量行政部门进行的仲裁检定为终局仲裁检定。

第十四条 承办仲裁检定的工作人员，有可能影响检定数据公正的，必须自行回避。当事人也有权以口头或书面方式申请其回避。

政府计量行政部门对申请回避的，应及时作出决定，并通知有关工作人员或当事人。

第三章 计量调解

第十五条 受理仲裁检定的政府计量行政部门，可根据纠纷双方或一方的口头或书面申请，对计量纠纷进行调解。

进行调解应根据仲裁检定结果,在分清责任的基础上,促使当事人互相谅解,自愿达成协议,对任何一方不得强迫。

第十六条 调解达成协议后,应制作调解书。调解书应包括以下内容:

(一)当事人双方的单位名称、地址及其法定代表人的姓名、职务;

(二)纠纷的主要事实、责任;

(三)协议内容和调解费用的承担。

调解书由当事人双方法定代表人和调解人员共同签字,并加盖调解机关的印章后成立。

第十七条 调解成立后,当事人双方应自动履行调解达成的协议内容。

第十八条 调解未达成协议或调解成立后一方或双方翻悔的,可向人民法院起诉或向有关仲裁机关申请处理。

第四章 仲裁检定和计量调解的管理

第十九条 县(市)级人民政府计量

行政部门认为需要上级办理的计量纠纷案件，可报请上一级人民政府计量行政部门处理。

第二十条 在全国范围内有重大影响或争议金额在100万元以上的，当事人可直接向省级以上人民政府计量行政部门申请仲裁检定和计量调解。

上级人民政府计量行政部门认为需要下级办理的计量纠纷案件，可交下级人民政府计量行政部门办理。

第二十一条 当事人一方已向人民法院起诉的计量纠纷案件，政府计量行政部门不再受理另一方的仲裁检定和计量调解的申请。

第五章 附 则

第二十二条 本办法规定的有关申请书、通知书、调解书的格式，由国务院计量行政部门统一规定。

第二十三条 申请仲裁检定和计量调解应按规定缴纳费用。

第二十四条 本办法由国务院计量行政部门负责解释。

第二十五条 本办法自发布之日起施行。

计量违法行为处罚细则

（1990 年 8 月 25 日国家技术监督局令第 14 号发布，根据 2015 年 8 月 25 日国家质量技术监督检验检疫总局令第 166 号第一次修订，根据 2022 年 9 月 29 日国家市场监督管理总局令第 61 号第二次修订）

第一章　总　　则

第一条　根据《中华人民共和国计量法》《中华人民共和国计量法实施细则》及有关法律、法规的规定，制定本细则。

第二条　在中华人民共和国境内，对违反计量法律、法规行为的处罚，适用本细则。

第三条　县级以上地方人民政府计量行政部门负责对违反计量法律、法规的行为执行行政处罚。

法律、法规另有规定的，按法律、法规规定的执行。

第四条 处理违反计量法律、法规的行为，必须坚持以事实为依据，以法律为准绳，做到事实清楚，证据确凿，适用法律、法规正确，符合规定程序。

第二章 违反计量法律、法规的行为及处理

第五条 违反计量法律、法规使用非法定计量单位的，按以下规定处罚：

（一）非出版物使用非法定计量单位的，责令其改正。

（二）出版物使用非法定计量单位的，责令其停止销售，可并处一千元以下罚款。

第六条 损坏计量基准，或未经国务院计量行政部门批准，随意拆卸、改装计量基准，或自行中断、擅自终止检定工作的，对直接责任人员进行批评教育，给予行政处分；构成犯罪的，依法追究刑事责任。

第七条 社会公用计量标准，经检查达不到原考核条件的，责令其停止使用，限期整改。

第八条 部门和企业、事业单位使用的各项最高计量标准，违反计量法律、法规的，按以下规定处罚：

（一）未取得有关人民政府计量行政部门颁发的计量标准考核证书而开展检定的，责令其停止使用，可并处一千元以下罚款。

（二）计量标准考核证书有效期满，未经原发证机关复查合格而继续开展检定的，责令其停止使用，限期申请复查。

（三）考核合格投入使用的计量标准，经检查达不到原考核条件的，责令其停止使用，限期整改。

第九条 被授权单位违反计量法律、法规的，按以下规定处罚：

（一）被授权项目经检查达不到原考核条件的，责令其停止检定、测试，限期整改。

（二）超过授权项目擅自对外进行检定、测试的，责令其改正，停止开展超出授权范围的相关检定、测试活动。

（三）未经授权机关批准，擅自终止所承担的授权工作，给有关单位造成损失的，责令其赔偿损失。

第十条 未经有关人民政府计量行政部门授权，擅自对外进行检定、测试的，没收全部违法所得。给有关单位造成损失的，责令其赔偿损失。

第十一条 使用计量器具违反计量法律、法规的，按以下规定处罚：

（一）社会公用计量标准和部门、企业、事业单位各项最高计量标准，未按照规定申请检定的或超过检定周期而继续使用的，责令其停止使用，可并处五百元以下罚款；经检定不合格而继续使用的，责令其停止使用，可并处一千元以下罚款。

（二）属于强制检定的工作计量器具，未按照规定申请检定或超过检定周期而继续使用的，责令其停止使用，可并处五百元以下罚款；经检定不合格而继续使用的，责令其停止使用，可并处一千元以下罚款。

（三）属于非强制检定的计量器具，未按照规定自行定期检定或者送其他有权对社会开展检定工作的计量检定机构定期检定的，责令其停止使用，可并处二百元以下罚款；经检定不合格而继续使用的，责令其停止使用，可并处五百元以下罚款。

（四）在经销活动中，使用非法定计量单位计量器具的，没收该计量器具。

（五）使用不合格的计量器具给国家或消费者造成损失的，责令赔偿损失，没收计量器具和全部违法所得，可并处二千元以下罚款。

（六）使用以欺骗消费者为目的的计量器具或者破坏计量器具准确度、伪造数据，给国家或消费者造成损失的，责令赔偿损失，没收计量器具和全部违法所得，可并处二千元以下罚款；构成犯罪的，依法追究刑事责任。

第十二条 进口计量器具，以及外商（含外国制造商、经销商）或其代理人在中国销售计量器具，违反计量法律、法规的，按以下规定处罚：

（一）未经省、自治区、直辖市人民政府计量行政部门批准，进口、销售国务院规定废除的非法定计量单位的计量器具或国务院禁止使用的其他计量器具的，责令其停止进口、销售，没收计量器具和全部违法所得，可并处相当其违法所得百分之十至百分之五十的罚款。

（二）进口、销售列入《中华人民共和国进口计量器具型式审查目录》内的计量器具，未经国务院计量行政部门型式批准的，封存计量器具，责令其补办型式批准手续，没收全部违法所得，可并处相当其进口额或销售额百分之三十以下的罚款。

第十三条 制造、修理计量器具，违反计量法律、法规的，按以下规定处罚：

（一）未经批准制造国务院规定废除的非法定计量单位的计量器具和国务院禁止使用的其他计量器具的，责令其停止制造、销售，没收计量器具和全部违法所得，可并处相当其违法所得百分之十至百分之五十的罚款。

（二）制造、销售未经型式批准或样机试验合格的计量器具新产品的，责令其停止制造、销售，封存该种新产品，没收全部违法所得，可并处三千元以下罚款。

（三）企业、事业单位制造、修理的计量器具未经出厂检定或经检定不合格而出厂的，责令其停止出厂，没收全部违法所得；情节严重的，可并处三千元以下罚款。个体工商户制造、修理计量器具未经检定或经检定不合格而销售或交付用户使用的，责令其停止制造、修理或者重修、重检，没收全部违法所得；情节严重的，可并处五百元以下的罚款。

第十四条 制造、修理、销售以欺骗消费者为目的的计量器具的，没收计量器具和全部违法所得，可并处二千元以下罚款；构成犯罪的，对个人或单位直接责任人员，依法追究刑事责任。

第十五条 销售超过有效期的标准物质的，责令改正；逾期不改正的，处三万元以下罚款。

第十六条 经营销售残次计量器具零配件的，使用残次计量器具零配件组装、修理计量器具的，责令其停止经营销售，没收残次计量器具零配件及组装的计量器具和全部违法所得，可并处二千元以下的罚款；情节严重的，吊销其营业执照。

第十七条 伪造、盗用、倒卖检定印、证的，没收其非法检定印、证和全部违法所得，可并处二千元以下罚款；构成犯罪的，依法追究刑事责任。

第十八条 计量监督管理人员违法失职，情节轻微的，给予行政处分，或者由有关人民政府计量行政部门撤销其计量监督员职务；利用职权收受贿赂、徇私舞弊，构成犯罪的，依法追究刑事责任。

第十九条 负责计量器具新产品定型鉴定、样机试验的单位，泄漏申请单位提供的样机和技术文件、资料秘密的，按国家有关规定，赔偿申请单位的损失，并给予直接责任人员行政处分；构成犯罪的，依法追究刑事责任。

第二十条 计量检定人员有下列行为之一的,给予行政处分;构成犯罪的,依法追究刑事责任:

(一) 违反检定规程进行计量检定的;

(二) 使用未经考核合格的计量标准开展检定的;

(三) 未取得计量检定证件进行计量检定的;

(四) 伪造检定数据的。

第二十一条 计量检定人员出具错误数据,给送检一方造成损失的,由其所在的技术机构赔偿损失;情节轻微的,给予计量检定人员行政处分;构成犯罪的,依法追究其刑事责任。

第二十二条 执行强制检定的工作计量器具任务的机构无故拖延检定期限的,送检单位可免交检定费;给送检单位造成损失的,应赔偿损失;情节严重的,给予直接责任人员行政处分。

第二十三条 围攻、报复计量执法人员、检定人员，或以暴力威胁手段阻碍计量执法人员、检定人员执行公务的，提请公安机关或司法部门追究法律责任。

第三章　附　　则

第二十四条　本细则下列用语的含义是：

（一）伪造数据是指单位或个人使用合格的计量器具，进行不诚实的测量，出具虚假数据或者定量包装商品实际量与标注量不符的违法行为。

（二）出版物是指公开或内部发行的，除古籍和文学书籍以外的图书、报纸、期刊，以及除文艺作品外的音像制品。

（三）非出版物是指公文、统计报表、商品包装物、产品铭牌、说明书、标签标价、票据收据等。

第二十五条　本细则由国家市场监督管理总局负责解释。

第二十六条　本细则自发布之日起施行。

《计量违法行为处罚细则》修改一

1. 2015 年 8 月 25 日国家质量监督检验检疫总局令第 166 号相关内容

一、将第十三条第(一)项中“国务院计量行政部门”修改为:“省、自治区、直辖市人民政府计量行政部门”。

二、删除第十三条第(二)项。

2. 内容修改对照

第十三条

改前: 进口计量器具,以及外商(含外国制造商、经销商)或其代理人在中国销售计量器具,违反计量法律、法规的,按以下规定处罚:

(一) 未经国务院计量行政部门批准,进口、销售国务院规定废除的非法定计量单位的计量器具或国务院禁止使用的其他计量器具的，责令其停止进口、销售，没收计量器具和全部违法所得，可并处相当其违法所得10%至50%的罚款。

（二）进口计量器具，未经省级以上人民政府计量行政部门指定的计量检定机构检定合格而销售的，责令其停止销售，封存计量器具，没收全部违法所得，可并处其销售额10%至50%的罚款。

（三）进口、销售列入《中华人民共和国进口计量器具型式审查目录》内的计量器具，未经国务院计量行政部门型式批准的，封存计量器具，责令其补办型式批准手续，没收全部违法所得，可并处相当其进口额或销售额30%以下的罚款。

改后：进口计量器具，以及外商（含外国制造商、经销商）或其代理人在中国销售计量器具，违反计量法律、法规的，按以下规定处罚：

（一）未经省、自治区、直辖市人民政府计量行政部门批准，进口、销售国务院规定废除的非法定计量单位的计量器具或国务院禁止使用的其他计量器具的，责令其停止进口、销售，没收计量器具和全部违法所得，可并处相当其违法所得10%至50%的罚款。

(二) 进口、销售列入《中华人民共和国进口计量器具型式审查目录》内的计量器具，未经国务院计量行政部门型式批准的，封存计量器具，责令其补办型式批准手续，没收全部违法所得，可并处相当其进口额或销售额30%以下的罚款。

《计量违法行为处罚细则》修改二

1. 2022年9月29日国家市场监督管理总局令第61号相关内容

一、删去第五条。

二、删去第八条中的“经整改仍达不到原考核条件的，由原发证机关吊销其证书”、第九条第二项中的“逾期不申请复查的，由原发证机关吊销其证书”、第九条第三项中的“经整改仍达不到原考核条件的，由原发证机关吊销其证书”、第十条第一项中的“经整改仍达不到原考核条件的，由授权机关撤销其计量授权”；将第十条第二项修改为：“超过授权项目擅自对外进行检定、测试的，责令其改正，停止开展超出授权范围的相关检定、测试活动。”

三、删去第十四条中的第二项、第三项、第四项、第七项。

四、将第十六条修改为：“销售超过有效期的标准物质的，责令改正；逾期不改正的，处三万元以下罚款。”

五、删去第十八条、第二十五条、第二十六条、第二十七条、第二十九条。

六、删去第十七条中的“由工商行政管理部门”；将第三十一条中的“国家技术监督局”修改为“国家市场监督管理总局”。

2. 内容修改对照

【删除条款】

第五条

对违反计量法律、法规行为的行政处罚包括：

（一）责令改正；

（二）责令停止生产、营业、制造、出厂、修理、销售、使用、检定、测试、检验、进口；

（三）责令赔偿损失；

（四）吊销证书；

（五）没收违法所得、计量器具、残次计量器具零配件及非法检定印、证；

（六）罚款。

第十八条

为社会提供公证数据的产品质量检验机构，违反计量法律、法规的，按以下规定处罚：

（一）未取得计量认证合格证书或已经取得计量认证合格证书，新增检验项目，未申请单项计量认证,为社会提供公证数据的,责令其停止检验,没收全部违法所得,可并处1000元以下罚款。

(二)已取得计量认证合格证书,经检查不符合原考核条件的,限期整改,经整改仍达不到原考核条件的,由原发证机关吊销其计量认证合格证书,停止其使用计量认证标志。

(三)经计量认证合格的产品质量检验机构,失去公正地位的,由原发证机关,吊销其计量认证合格证书,停止其使用计量认证标志。

第二十五条

同一单位或个人,有两种以上违法行为的,分别处罚,合并执行。

同一案件涉及两个以上单位或个人的,根据情节轻重,分别处罚。

第二十六条

有下列情况之一的,可以从轻或免予处罚:

(一)情节特别轻微的;

（二）初次违法，情节较轻的；

（三）认错态度好，能积极有效地配合查处工作的；

（四）主动改正的。

第二十七条

有下列情况之一的，按规定处罚幅度的上限从重处罚：

（一）屡教不改的；

（二）明知故犯的；

（三）借故刁难监督检查或检定的；

（四）后果严重、危害性大的；

（五）转移、毁灭证据或擅自改变与案件有关的计量器具原始技术状态的；

（六）作假证、伪证或威胁利诱他人作假证、伪证的。

第二十九条

当事人对行政处罚决定不服的，可在接到处罚通知之日起 15 日内向作出处罚决定机关的上一级机关申请复议；对复议结果不服的，可向人民法院起诉。

对处罚决定逾期不申请复议或不起

诉，又不履行的，由作出处罚决定的机关申请人民法院强制执行。

【修改条款】

第八条（改为第七条）

改前：社会公用计量标准，经检查达不到原考核条件的，责令其停止使用，限期整改；<u>经整改仍达不到原考核条件的，由原发证机关吊销其证书</u>。

改后：社会公用计量标准，经检查达不到原考核条件的，责令其停止使用，限期整改。

第九条（改为第八条）

改前：部门和企业、事业单位使用的各项最高计量标准，违反计量法律、法规的，按以下规定处罚：

（一）未取得有关人民政府计量行政部门颁发的计量标准考核证书而开展检定的，责令其停止使用，可并处1000元以下罚款。

（二）计量标准考核证书有效期满，未经原发证机关复查合格而继续开展检定的，责令其停止使用，限期申请复查；逾期不申请复查的，由原发证机关吊销其证书。

（三）考核合格投入使用的计量标准，经检查达不到原考核条件的，责令其停止使用，限期整改；经整改仍达不到原考核条件的，由原发证机关吊销其证书。

改后：部门和企业、事业单位使用的各项最高计量标准，违反计量法律、法规的，按以下规定处罚：

（一）未取得有关人民政府计量行政部门颁发的计量标准考核证书而开展检定的，责令其停止使用，可并处一千元以下罚款。

（二）计量标准考核证书有效期满，未经原发证机关复查合格而继续开展检定的，责令其停止使用，限期申请复查。

（三）考核合格投入使用的计量标准，经检查达不到原考核条件的，责令其停止使用，限期整改。

第十条（改为第九条）

改前：被授权单位违反计量法律、法

规的,按以下规定处罚:

(一)被授权项目经检查达不到原考核条件的,责令其停止检定、测试,限期整改;经整改仍达不到原考核条件的,由授权机关撤销其计量授权。

(二)超过授权项目擅自对外进行检定、测试的,责令其改正,没收全部违法所得,情节严重的,吊销计量授权证书。

(三)未经授权机关批准,擅自终止所承担的授权工作,给有关单位造成损失的,责令其赔偿损失。

改后:被授权单位违反计量法律、法规的,按以下规定处罚:

(一)被授权项目经检查达不到原考核条件的,责令其停止检定、测试,限期整改。

(二)超过授权项目擅自对外进行检定、测试的,责令其改正,停止开展超出授权范围的相关检定、测试活动。

(三)未经授权机关批准,擅自终止所承担的授权工作,给有关单位造成损失的,责令其赔偿损失。

第十四条(改为第十三条)

改前：制造、修理计量器具，违反计量法律、法规的，按以下规定处罚：

（一）未经批准制造国务院规定废除的非法定计量单位的计量器具和国务院禁止使用的其他计量器具的，责令其停止制造、销售，没收计量器具和全部违法所得，可并处相当其违法所得 10% 至 50% 的罚款。

（二）未取得制造、修理计量器具许可证，制造、修理计量器具的，责令其停止生产、停止营业，封存制造、修理的计量器具，没收全部违法所得，可并处相当其违法所得 10% 至 50% 的罚款。

（三）未取得制造计量器具许可证而擅自使用许可证标志和编号制造、销售计量器具的，责令其停止制造、销售，没收计量器具和全部违法所得，可并处相当其违法所得 20% 至 50% 的罚款。

（四）取得制造、修理计量器具许可证

后，其制造、修理条件已达不到原考核条件的，限期整改；经整改仍达不到原考核要求的，由原发证机关吊销其制造、修理计量器具许可证。

（五）制造、销售未经型式批准或样机试验合格的计量器具新产品的，责令其停止制造、销售，封存该种新产品，没收全部违法所得，可并处3000元以下罚款。

（六）企业、事业单位制造、修理的计量器具未经出厂检定或经检定不合格而出厂的，责令其停止出厂，没收全部违法所得；情节严重的可并处3000元以下罚款。

个体工商户制造、修理计量器具未经检定或经检定不合格而销售或交付用户使用的，责令其停止制造、修理或者重修、重检，没收全部违法所得；情节严重的，可并处500元以下的罚款。

（七）个体工商户制造、修理，国家规定范围以外的计量器具或者不按规定场所从事经营活动的，责令其停止制造、修理，没收全部违法所得，可并处500元以下的罚款。

改后：制造、修理计量器具，违反计量法律、法规的，按以下规定处罚：

（一）未经批准制造国务院规定废除的非法定计量单位的计量器具和国务院禁止使用的其他计量器具的，责令其停止制造、销售，没收计量器具和全部违法所得，可并处相当其违法所得百分之十至百分之五十的罚款。

（二）制造、销售未经型式批准或样机试验合格的计量器具新产品的，责令其停止制造、销售，封存该种新产品，没收全部违法所得，可并处三千元以下罚款。

（三）企业、事业单位制造、修理的计量器具未经出厂检定或经检定不合格而出厂的，责令其停止出厂，没收全部违法所得；情节严重的，可并处三千元以下罚款。个体工商户制造、修理计量器具未经检定或经检定不合格而销售或交付用户使用的，责令其停止制造、修理或者重修、重检，没收全部违法所得；情节严重的，可并处五百元以下的罚款。

第十六条(改为第十五条)

改前: 已取得制造许可证的计量器具,在销售时,没有产品合格印、证或没有使用制造许可证标志的,责令其停止销售;销售超过有效期的标准物质的,没收该种标准物质和全部违法所得。

改后: 销售超过有效期的标准物质的,责令改正;逾期不改正的,处三万元以下罚款。

第十七条(改为第十六条)

改前: 经营销售残次计量器具零配件的,使用残次计量器具零配件组装、修理计量器具的,责令其停止经营销售,没收残次计量器具零配件及组装的计量器具和全部违法所得,可并处2000元以下的罚款;情节严重的,由工商行政管理部门吊销其营业执照。

改后: 经营销售残次计量器具零配件的,使用残次计量器具零配件组装、修理计量器具的,责令其停止经营销售,没收残次计量器具零配件及组装的计量器具和全部违法所得，可并处二千元以下的罚款；情节严重的，吊销其营业执照。

第三十一条（改为第二十五条）

改前：本细则由国家技术监督局负责解释。

改后：本细则由国家市场监督管理总局负责解释。

关于对实施《计量违法行为处罚细则》有关问题补充规定的通知

（1992年2月3日国家技术监督局，技监局法发〔1992〕041号）

各省、自治区、直辖市及计划单列市技术监督（标准计量、计量）局：

一些地方技术监督行政部门对《计量违法行为处罚细则》（以下简称《处罚细则》）某些条款提出询问，根据《中华人民共和国计量法》和《中华人民共和国计量法实施细则》的有关规定。作出补充规定如下：

一、《处罚细则》第五条（六）项罚款，包括现场罚款，其限额为50元以下。

二、对销售不合格计量器具的违法行为，可比照适用《处罚细则》第十四条(六)项规定。

商品量计量违法行为处罚规定

（1999年3月12日国家质量技术监督局令第3号发布，根据2020年10月23日国家市场监督管理总局令第31号修订）

第一条 为了加强商品量的计量监督，惩治商品量计量违法行为，保护用户和消费者的合法权益，维护社会经济秩序，根据《中华人民共和国计量法》和国务院赋予市场监督管理部门的职责，制定本规定。

第二条 本规定所称商品量，是指使用计量器具，对商品进行计量所得出的商品的量值。

第三条 任何单位和个人在生产、销售、收购等经营活动中，必须保证商品量的量值准确，不得损害用户、消费者的合法权益。

各级市场监督管理部门对商品量计量违法行为的处罚,适用本规定。

第四条 生产者生产定量包装商品,其实际量与标注量不相符,计量偏差超过《定量包装商品计量监督管理办法》或者国家其他有关规定的,市场监督管理部门责令改正,并处30000元以下罚款。

第五条 销售者销售的定量包装商品或者零售商品,其实际量与标注量或者实际量与贸易结算量不相符,计量偏差超过《定量包装商品计量监督管理办法》、《零售商品称重计量监督管理办法》或者国家其他有关规定的,市场监督管理部门责令改正,并处30000元以下罚款。

第六条 销售者销售国家对计量偏差没有规定的商品,其实际量与贸易结算量之差,超过国家规定使用的计量器具极限误差的,市场监督管理部门责令改正,并处20000元以下罚款。

第七条 收购者收购商品,其实际量与贸易结算量之差,超过国家规定使用的计量器具极限误差的，市场监督管理部门责令改正，并处20000元以下罚款。

第八条 各级市场监督管理部门按本规定实施行政处罚，必须遵守国家市场监督管理总局关于行政案件办理程序的有关规定。

第九条 本规定由国家市场监督管理总局负责解释。

第十条 本规定自发布之日起施行。

《商品量计量违法行为处罚规定》修改

1. 2020年10月23日国家市场监督管理总局令第31号相关内容

一、将第一条、第三条、第八条中的“质量技术监督部门”修改为“市场监督管理部门”。

将第九条中的“国家质量技术监督局”修改为“国家市场监督管理总局”。

二、将第四条修改为:“生产者生产定量包装商品,其实际量与标注量不相符,计量偏差超过《定量包装商品计量监督管理办法》或者国家其他有关规定的,市场监督管理部门责令改正,并处30000元以下罚款。”

三、将第五条修改为:“销售者销售的定量包装商品或者零售商品,其实际量与标注量或者实际量与贸易结算量不相符,计量偏差超过《定量包装商品计量监督管理办法》、《零售商品称重计量监督管理办法》或者国家其他有关规定的,市场监督管理部门责令改正,并处30000元以下罚款。”

四、将第六条修改为:“销售者销售国家对计量偏差没有规定的商品,其实际量与贸易结算量之差,超过国家规定使用的计量器具极限误差的,市场监督管理部门责令改正,并处20000元以下罚款。”

五、将第七条修改为:“收购者收购商品,其实际量与贸易结算量之差,超过国家规定使用的计量器具极限误差的,市场监督管理部门责令改正,并处20000元以下罚款。”

六、将第八条中的“《技术监督行政案件办理程序的规定》和《技术监督行政案件现场处罚规定》”修改为“国家市场监督管理总局关于行政案件办理程序的有关规定”。

2. 内容修改对照

第一条

改前：为了加强商品量的计量监督，惩治商品量计量违法行为，保护用户和消费者的合法权益，维护社会经济秩序，根据《中华人民共和国计量法》和国务院赋予质量技术监督部门的职责，制定本规定。

改后：为了加强商品量的计量监督，惩治商品量计量违法行为，保护用户和消费者的合法权益，维护社会经济秩序，根据《中华人民共和国计量法》和国务院赋予市场监督管理部门的职责，制定本规定。

第三条

改前：任何单位和个人在生产、销售、收购等经营活动中，必须保证商品量的量值准确，不得损害用户、消费者的合法权益。

各级质量技术监督部门对商品量计量违法行为的处罚，适用本规定。

改后：任何单位和个人在生产、销售、收购等经营活动中,必须保证商品量的量值准确,不得损害用户、消费者的合法权益。

各级市场监督管理部门对商品量计量违法行为的处罚,适用本规定。

第四条

改前: 生产者生产定量包装商品,其实际量与标注量不相符,计量偏差超过《定量包装商品计量监督规定》或者国家其他有关规定的,质量技术监督部门责令改正,给用户、消费者造成损失的,责令赔偿损失,并处违法所得3倍以下、最高不超过30000元的罚款。

改后: 生产者生产定量包装商品,其实际量与标注量不相符,计量偏差超过《定量包装商品计量监督管理办法》或者国家其他有关规定的,市场监督管理部门责令改正,并处30000元以下罚款。

第五条

改前: 销售者销售的定量包装商品或者零售商品,其实际量与标注量或者实际量与贸易结算量不相符，计量偏差超过《定量包装商品计量监督规定》、《零售商品称重计量监督规定》或者国家其他有关规定的，质量技术监督部门责令改正，给用户、消费者造成损失的，责令赔偿损失，并处违法所得3倍以下、最高不超过30000元的罚款；没有违法所得的，可处10000元以下的罚款。

改后：销售者销售的定量包装商品或者零售商品，其实际量与标注量或者实际量与贸易结算量不相符，计量偏差超过《定量包装商品计量监督管理办法》、《零售商品称重计量监督管理办法》或者国家其他有关规定的，市场监督管理部门责令改正，并处30000元以下罚款。

第六条

改前：销售者销售国家对计量偏差没有规定的商品，其实际量与贸易结算量之差，超过国家规定使用的计量器具极限误差的，质量技术监督部门责令改正，给用户、消费者造成损失的，责令赔偿损失，并处违法所得3倍以下、最高不超过20000元的罚款。

改后：销售者销售国家对计量偏差没有规定的商品，其实际量与贸易结算量之差，超过国家规定使用的计量器具极限误差的，市场监督管理部门责令改正，并处20000元以下罚款。

第七条

改前：收购者收购商品，其实际量与贸易结算量之差，超过国家规定使用的计量器具极限误差的，质量技术监督部门责令改正，给被收购者造成损失的，责令赔偿损失，并处违法所得3倍以下、最高不超过20000元的罚款。

改后：收购者收购商品，其实际量与贸易结算量之差，超过国家规定使用的计量器具极限误差的，市场监督管理部门责令改正，并处20000元以下罚款。

第八条

改前：各级质量技术监督部门按本规定实施行政处罚，必须遵守《技术监督行政案件办理程序的规定》和《技术监督行政案件现场处罚规定》。

改后：各级市场监督管理部门按本规定实施行政处罚，必须遵守国家市场监督管理总局关于行政案件办理程序的有关规定。

第九条

改前：本规定由国家质量技术监督局负责解释。

改后：本规定由国家市场监督管理总局负责解释。

计量授权管理办法

（1989年11月6日国家技术监督局令第4号发布，根据2021年4月2日国家市场监督管理总局令第38号修改）

第一条 根据《中华人民共和国计量法》和《中华人民共和国计量法实施细则》的规定，制定本办法。

第二条 计量授权是指县级以上人民政府计量行政部门，依法授权予其他部门或单位的计量检定机构或技术机构，执行计量法规定的强制检定和其他检定、测试任务。

凡申请计量授权，承担计量授权任务及办理、管理计量授权，均须遵守本办法。

第三条 县级以上人民政府计量行政部门，应根据本行政区实施计量法的需要，充分发挥社会技术力量的作用，按照统筹规划、经济合理、就地就近、方便生产、利于管理的原则，实行计量授权。

第四条 计量授权包括以下形式：

（一）授权有关部门或单位的专业性或区域性计量检定机构，作为法定计量检定机构；

（二）授权有关部门或单位建立计量基准、社会公用计量标准；

（三）授权有关部门或单位的计量检定机构，对其内部使用的强制检定计量器具执行强制检定；

（四）授权有关部门或单位的计量检定机构或技术机构，承担计量标准的技术考核，仲裁检定，计量器具新产品型式评价，标准物质定级鉴定，计量器具产品质量监督试验和对社会开展强制检定、非强制检定。

第五条 申请授权必须具备的条件：

（一）计量标准、检测装置和配套设施必须与申请授权项目相适应，满足授权任务的要求；

（二）工作环境能适应授权任务的需要，保证有关计量检定、测试工作的正常进行；

（三）检定、测试人员必须适应授权任务的需要，掌握有关专业知识和计量检定、测试技术，并经考核合格；

（四）具有保证计量检定、测试结果公正、准确的有关工作制度和管理制度。

第六条 申请授权应按以下规定向有关人民政府计量行政部门提出申请。

（一）申请建立计量基准，向国务院计量行政部门提出申请；

（二）申请承担计量器具新产品型式评价的授权，向省级以上人民政府计量行政部门提出申请；

（三）申请对本部门内部使用的强制检定计量器具执行强制检定的授权，向同级人民政府计量行政部门提出申请；

（四）申请对本单位内部使用的强制检定的工作计量器具执行强制检定的授

权，向当地县（市）级人民政府计量行政部门提出申请；

（五）申请作为法定计量检定机构、建立社会公用计量标准、承担计量器具产品质量监督试验和对社会开展强制检定、非强制检定的授权，应根据申请承担授权任务的区域，向相应的人民政府计量行政部门提出申请。

第七条 申请授权应递交计量授权申请书，并同时报送有关技术文件和资料。

第八条 计量授权申请被接受后，有关人民政府计量行政部门应按照以下规定和本办法第五条规定的条件进行考核。

（一）申请作为法定计量检定机构、建立本地区最高社会公用计量标准的，由受理申请的人民政府计量行政部门报请上一级人民政府计量行政部门主持考核；

（二）申请建立计量基准、非本地区最高社会公用计量标准，对内部使用的强制检定计量器具执行强制检定，承担计量器具产品质量监督试验，新产品型式评价和对社会开展强制检定、非强制检定的，由受理申请的人民政府计量行政部门主持考核。

第九条 申请授权的单位，其有关计量检定、测试人员，应当具有相应职业资格。

第十条 对考核合格的单位，由受理申请的人民政府计量行政部门批准，颁发相应的计量授权证书，并公布被授权单位的机构名称和所承担授权的业务范围。

第十一条 被授权单位必须按照授权范围开展工作，需新增计量授权项目，应按照本办法的有关规定，申请新增项目的授权。

违反上款规定的，责令其改正，停止开展超出授权范围的相关检定、测试活动。

第十二条 计量标准技术考核，标准物质定级鉴定和仲裁检定的授权，由有关人民政府计量行政部门根据相应管理办法的规定，采取指定的形式办理。

第十三条 被授权单位必须认真贯彻

执行计量法律、法规。

第十四条 被授权单位的相应计量标准，必须接受计量基准或者社会公用计量标准的检定；开展授权的计量检定、测试工作，必须接受授权单位的监督。

第十五条 当被授权单位成为计量纠纷中当事人一方时，在双方协商不能自行解决的情况下，由县级以上有关人民政府计量行政部门进行调解或仲裁检定。

第十六条 计量授权证书应由授权单位规定有效期，最长不得超过5年。被授权单位可在有效期满前6个月提出继续承担授权任务的申请；授权单位根据需要和被授权单位的申请在有效期满前进行复查，经复查合格的，延长有效期。

第十七条 被授权单位要终止所承担的授权工作，应提前6个月向授权单位提出书面报告，未经批准不得擅自终止工作。

违反上款规定，给有关单位造成损失的，责令其赔偿损失。

第十八条 凡政府计量行政部门所属

的法定计量检定机构,在本行政区内不能开展的计量检定项目,需要办理授权的,应报请上一级人民政府计量行政部门统筹安排。

第十九条 上级人民政府计量行政部门对下级人民政府计量行政部门的计量授权应进行监督,对违反本办法规定的授权,应予以纠正。

第二十条 与本办法有关的计量授权申请书、证书的式样,由国务院计量行政部门统一规定。

第二十一条 本办法由国务院计量行政部门负责解释。

第二十二条 本办法自发布之日起施行。

《计量授权管理办法》修改

1. 2021年4月2日国家市场监督管理总局令第38号相关内容

一、删去第一条中的“第二十条”、“第三十条、第三十一条”。

二、将第四条第(四)项修改为:“授权有关部门或单位的计量检定机构或技术机构,承担计量标准的技术考核,仲裁检定,计量器具新产品型式评价,标准物质定级鉴定,计量器具产品质量监督试验和对社会开展强制检定、非强制检定。”

三、删去第六条第(一)项中的“承担计量器具新产品定型鉴定”。

将第(二)项修改为:“申请承担计量器具新产品型式评价的授权,向省级以上人民政府计量行政部门提出申请。”

四、删去第八条。

五、将第九条第(二)项中的“新产品

定型鉴定、样机试验”修改为“新产品型式评价”。

六、将第十条修改为:“申请授权的单位,其有关计量检定、测试人员,应当具有相应职业资格。”

七、删去第十一条中的“和计量授权检定、测试专用章”。

八、将第十二条第二款中的“没收违法所得;情节严重的,吊销计量授权证书”修改为“停止开展超出授权范围的相关检定、测试活动”。

九、删去第十三条中的“计量认证、申请制造修理计量器具许可证的”。

十、删去第十九条。

十一、删去第二十二条。

十二、删去第二十三条中的“印章”。

2. 内容修改对照

【删除条款】

第八条

有关人民政府计量行政部门在接到计

量授权申请书和报送的材料之后，必须在6个月内，对提出申请的有关技术机构审查完毕并发出是否接受申请的通知。

第十九条

被授权单位达不到原考核条件，经限期整顿仍不能恢复的，由授权单位撤销其计量授权。

第二十二条

申请计量授权的单位，应按规定缴纳技术考核、发证费。

【修改条款】

第一条

改前：根据《中华人民共和国计量法》第二十条和《中华人民共和国计量法实施细则》第三十条、第三十一条的规定，制定本办法。

改后：根据《中华人民共和国计量法》和《中华人民共和国计量法实施细则》的规定，制定本办法。

第四条

改前：计量授权包括以下形式：

（一）授权有关部门或单位的专业性或区域性计量检定机构，作为法定计量检定机构；

（二）授权有关部门或单位建立计量基准、社会公用计量标准；

（三）授权有关部门或单位的计量检定机构，对其内部使用的强制检定计量器具执行强制检定；

（四）授权有关部门或单位的计量检定机构或技术机构，承担计量标准、计量认证、申请制造修理计量器具许可证的技术考核，仲裁检定，计量器具新产品定型鉴定、样机试验，标准物质定级鉴定，计量器具产品质量监督试验和对社会开展强制检定、非强制检定。

改后：计量授权包括以下形式：

（一）授权有关部门或单位的专业性或区域性计量检定机构，作为法定计量检定机构；

（二）授权有关部门或单位建立计量基准、社会公用计量标准；

（三）授权有关部门或单位的计量检定机构，对其内部使用的强制检定计量器具执行强制检定；

（四）授权有关部门或单位的计量检定机构或技术机构，承担计量标准的技术考核，仲裁检定，计量器具新产品型式评价，标准物质定级鉴定，计量器具产品质量监督试验和对社会开展强制检定、非强制检定。

第六条

改前：申请授权应按以下规定向有关人民政府计量行政部门提出申请。

（一）申请建立计量基准、承担计量器具新产品定型鉴定的授权，向国务院计量行政部门提出申请；

（二）申请承担计量器具新产品样机试验的授权，向当地省级人民政府计量行政部门提出申请；

（三）申请对本部门内部使用的强制检定计量器具执行强制检定的授权，向同级人民政府计量行政部门提出申请；

（四）申请对本单位内部使用的强制检定的工作计量器具执行强制检定的授权，向当地县（市）级人民政府计量行政部门提出申请；

（五）申请作为法定计量检定机构、建立社会公用计量标准、承担计量器具产品质量监督试验和对社会开展强制检定、非强制检定的授权，应根据申请承担授权任务的区域，向相应的人民政府计量行政部门提出申请。

改后：申请授权应按以下规定向有关人民政府计量行政部门提出申请。

（一）申请建立计量基准，向国务院计量行政部门提出申请；

（二）申请承担计量器具新产品型式评价的授权，向省级以上人民政府计量行政部门提出申请；

（三）申请对本部门内部使用的强制检定计量器具执行强制检定的授权，向同级人民政府计量行政部门提出申请；

（四）申请对本单位内部使用的强制

检定的工作计量器具执行强制检定的授权，向当地县（市）级人民政府计量行政部门提出申请；

（五）申请作为法定计量检定机构、建立社会公用计量标准、承担计量器具产品质量监督试验和对社会开展强制检定、非强制检定的授权，应根据申请承担授权任务的区域，向相应的人民政府计量行政部门提出申请。

第九条（改为第八条）

改前：计量授权申请被接受后，有关人民政府计量行政部门应按照以下规定和本办法第五条规定的条件进行考核。

（一）申请作为法定计量检定机构、建立本地区最高社会公用计量标准的，由受理申请的人民政府计量行政部门报请上一级人民政府计量行政部门主持考核；

（二）申请建立计量基准、非本地区最高社会公用计量标准，对内部使用的强制检定计量器具执行强制检定，承担计量器具产品质量监督试验，新产品定型鉴定、样机试验和对社会开展强制检定、非强制检定的，由受理申请的人民政府计量行政部门主持考核。

改后：计量授权申请被接受后，有关人民政府计量行政部门应按照以下规定和本办法第五条规定的条件进行考核。

（一）申请作为法定计量检定机构、建立本地区最高社会公用计量标准的，由受理申请的人民政府计量行政部门报请上一级人民政府计量行政部门主持考核；

（二）申请建立计量基准、非本地区最高社会公用计量标准，对内部使用的强制检定计量器具执行强制检定，承担计量器具产品质量监督试验，新产品型式评价和对社会开展强制检定、非强制检定的，由受理申请的人民政府计量行政部门主持考核。

第十条（改为第九条）

改前：申请授权的单位，其有关计量检定、测试人员，必须经授权单位考核合格。

改后：申请授权的单位，其有关计量检定、测试人员，应当具有相应职业资格。

第十一条（改为第十条）

改前：对考核合格的单位，由受理申请的人民政府计量行政部门批准，颁发相应的计量授权证书和计量授权检定、测试专用章，并公布被授权单位的机构名称和所承担授权的业务范围。

改后：对考核合格的单位，由受理申请的人民政府计量行政部门批准，颁发相应的计量授权证书，并公布被授权单位的机构名称和所承担授权的业务范围。

第十二条（改为第十一条）

改前：被授权单位必须按照授权范围开展工作，需新增计量授权项目，应按照本办法的有关规定，申请新增项目的授权。

违反上款规定的，责令其改正，没收违法所得；情节严重的，吊销计量授权证书。

改后：被授权单位必须按照授权范围开展工作，需新增计量授权项目，应按照本办法的有关规定，申请新增项目的授权。

违反上款规定的，责令其改正，停止开展超出授权范围的相关检定、测试活动。

第十三条（改为第十二条）

改前：计量标准、计量认证、申请制造修理计量器具许可证的技术考核，标准物质定级鉴定和仲裁检定的授权，由有关人民政府计量行政部门根据相应管理办法的规定，采取指定的形式办理。

改后：计量标准技术考核，标准物质定级鉴定和仲裁检定的授权，由有关人民政府计量行政部门根据相应管理办法的规定，采取指定的形式办理。

第二十三条（改为第二十条）

改前：与本办法有关的计量授权申请书、证书、印章的式样，由国务院计量行政部门统一规定。

改后：与本办法有关的计量授权申请书、证书的式样，由国务院计量行政部门统一规定。

集贸市场计量监督管理办法

（2024 年 12 月 4 日国家市场监督
管理总局令第 94 号公布）

第一条 为了加强集贸市场计量监督管理，维护集贸市场经营秩序，保护消费者的合法权益，根据《中华人民共和国计量法》、《中华人民共和国消费者权益保护法》等法律法规的有关规定，制定本办法。

第二条 本办法适用于全国集贸市场经营活动中的计量器具管理、商品量计量管理、计量行为及其监督管理活动。

本办法所称集贸市场（以下简称集市）是指由自然人、法人或者非法人组织（以下统称集市主办者）主办，由入场经营者（以下简称经营者）向集市主办者承租场地进行农副产品、日用消费品等现货商品集中交易的固定场所。

第三条 国家市场监督管理总局对全国集市计量工作实施统一监督管理。

县级以上地方市场监督管理部门对本行政区域内的集市计量工作实施监督管理。

第四条 集市的计量活动应当遵循公正、公开、公平、诚信的原则，保证计量器具和商品量的准确，正确使用国家法定计量单位。

第五条 集市主办者应当履行以下义务：

（一）建立集市计量管理制度并组织实施；核验、更新、公示经营者的相关信息，供消费者查询。

（二）积极宣传计量法律、法规和规章，提高经营者的计量法律意识和诚信经营意识。

（三）在与经营者签订的入场经营协议中，明确双方有关计量活动的权利义务，要求经营者不得使用具有作弊功能的计量器具以及其他不合格计量器具，不得破坏计量器具准确度或者伪造数据等，并约定相应的违约责任。

（四）根据集市经营情况配备专（兼）职计量管理人员，负责集市内的计量管理工作，集市的计量管理人员应当接受计量业务知识的培训。

（五）对集市使用的属于强制检定的计量器具登记造册，向当地市场监督管理部门备案，并配合市场监督管理部门及相关法定计量检定机构做好强制检定工作，计量器具出现新增、减少、更换、维修等情况应当及时更新登记信息。

（六）合理设置用于公平复核的公平秤、公平尺等计量器具，摆放在显著、便捷位置，并予以标识；对用于公平复核的计量器具负责保管、维护和监督检查，保证量值准确。

（七）发现经营者使用具有作弊功能的计量器具或者其他不合格计量器具等计量违法行为，应当予以制止，不得包庇、纵容。

（八）建立健全诚信计量管理体系，组织经营者开展诚信计量自我承诺。

（九）配合市场监督管理部门，做好集市定量包装商品、零售商品等商品量的计量监督管理工作。消费者和经营者因商品量计量结果产生纠纷的，集市主办者应当及时进行处理，并配合市场监督管理部门做好计量调解和违法行为查处。

第六条 集市主办者应当要求经营者配备和使用符合国家规定、与其经营项目相适应的计量器具，并督促检查。鼓励有条件的集市主办者免费为经营者统一配置经强制检定合格的计量器具。

第七条 鼓励集市主办者建立违法失信经营者红黄牌警示制度，将经营者计量违法行为在集市中予以公示；对计量失准拒不整改或者计量失准仍强买强卖的经营者，可以按照合同约定和有关管理制度的规定追究违约责任直至清退出集市。

第八条 鼓励集市主办者对集市进行数字化升级改造，推广使用通过智能网联功能实现防作弊效果的计量器具。

第九条 经营者应当履行以下义务:

（一）遵守计量法律、法规、规章及集市主办者关于计量活动的有关管理制度。

（二）正确、规范使用计量器具和法定计量单位,对配置和使用的计量器具进行维护和管理,保证计量器具量值准确。属于强制检定计量器具的,应当定期送法定计量检定机构进行检定,计量器具出现新增、减少、更换、维修等情况,应当及时向集市主办者报备。

（三）不得使用国家明令淘汰的计量器具,不得使用未经检定、超过检定周期或者经检定不合格的计量器具。使用国家限制使用的计量器具,应当遵守有关规定。

（四）不得使用具有作弊功能的计量器具,不得破坏计量器具准确度或者伪造数据,不得破坏计量器具的铅(签)封,不得使用铅(签)封已损坏的计量器具。

（五）以商品量的量值作为结算依据的,应当使用计量器具进行测量,但经交易双方当事人同意的除外。计量偏差应当在国家规定的范围内,结算值与实际值相符。

（六）现场交易时,应当明示计量单位、计量过程和计量器具显示的量值。消费者有异议的,应当重新操作计量过程和显示量值。

（七）销售定量包装商品应当符合《定量包装商品计量监督管理办法》的规定。

（八）开展诚信计量自我承诺,自觉接受社会监督。

第十条 计量检定机构实施强制检定,应当执行国家计量检定规程,并在规定期限内完成检定,确保量值传递准确。

第十一条 市场监督管理部门应当履行以下职责:

（一）宣传计量法律、法规、规章和国家有关规定,对集市主办者、计量管理人员进行计量方面的培训。

（二）督促集市主办者按照计量法律、法规、规章和国家有关规定的要求,做好集市的计量管理工作。

（三）对集市的计量器具管理、商品量计量管理和计量行为，进行计量监督和执法检查。

（四）积极受理计量纠纷，负责计量调解和仲裁检定。

（五）强化信用监管，建立集市诚信计量管理制度和评价标准，定期公开评价结果，对集市计量工作实施分级分类监管。

第十二条 消费者所购商品，在保持原状的情况下，经复核发现短秤缺量的，可以向经营者要求赔偿；经营者租赁期满的，也可以向集市主办者要求赔偿，集市主办者赔偿后有权向经营者追偿。

经营者利用具有作弊功能的计量器具向消费者提供商品构成欺诈的，适用《中华人民共和国消费者权益保护法》第五十五条的有关规定。

第十三条 集市主办者违反本办法第五条第一项规定的，按照《中华人民共和国消费者权益保护法实施条例》第五十条的规定处理。

集市主办者违反本办法第五条第二项、第三项、第四项、第八项规定的,由县级以上地方市场监督管理部门责令改正。

集市主办者违反本办法第五条第五项、第六项规定的,由县级以上地方市场监督管理部门责令改正;拒不改正或者情节严重的,处一万元以下罚款。

集市主办者违反本办法第五条第七项规定的,由县级以上地方市场监督管理部门处五万元以下罚款;情节严重的,处十万元以下罚款。

第十四条 经营者违反本办法第九条第二项规定,对属于强制检定范围的计量器具未按照规定申请检定或者经检定不合格继续使用的,按照《中华人民共和国计量法实施细则》第四十三条的规定处理。

经营者违反本办法第九条第三项、第四项规定的,按照《中华人民共和国计量法实施细则》第四十三条、第四十六条、第四十八条的规定处理。

经营者违反本办法第九条第五项规定，应当使用计量器具进行测量而未使用计量器具的，由县级以上地方市场监督管理部门责令改正；拒不改正的，处一万元以下罚款。经营者销售商品的结算值与实际值不相符的，按照《商品量计量违法行为处罚规定》第五条、第六条的规定处罚。

经营者违反本办法第九条第六项规定的，由县级以上地方市场监督管理部门责令改正；拒不改正或者情节严重的，可以处一万元以下罚款。

经营者违反本办法第九条第七项规定的，按照《定量包装商品计量监督管理办法》有关规定处理。

第十五条　市场监督管理部门在集市计量监督管理工作中发现党员、公职人员涉嫌违纪违法的问题线索，应当及时移送有管辖权的纪检监察机构。

第十六条　本办法所称具有作弊功能的计量器具，是指可以通过伪造、变造、篡改计量数据或者改造计量器具导致显示数值与实际量值不一致的计量器具。

本办法所称用于公平复核的计量器具,是指对经营者和消费者之间因商品量测量结果发生的纠纷具有裁决作用的计量器具。

第十七条 本办法自2025年3月1日起施行。2002年4月19日原国家质量监督检验检疫总局令第17号公布的《集贸市场计量监督管理办法》同时废止。

定量包装商品计量监督管理办法

（2023年3月16日国家市场监督管理总局令第70号公布）

第一条 为了保护消费者和生产者、销售者的合法权益，规范定量包装商品的计量监督管理，根据《中华人民共和国计量法》并参照国际通行规则，制定本办法。

第二条 在中华人民共和国境内，生产、销售定量包装商品，以及对定量包装商品实施计量监督管理，应当遵守本办法。

本办法所称定量包装商品是指以销售为目的，在一定量限范围内具有统一的质量、体积、长度、面积、计数标注等标识内容的预包装商品。药品、危险化学品除外。

第三条 国家市场监督管理总局对全

国定量包装商品的计量工作实施统一监督管理。

县级以上地方市场监督管理部门对本行政区域内定量包装商品的计量工作实施监督管理。

第四条 定量包装商品的生产者、销售者应当加强计量管理,配备与其生产定量包装商品相适应的计量检测设备,保证生产、销售的定量包装商品符合本办法的规定。

第五条 定量包装商品的生产者、销售者应当在其商品包装的显著位置正确、清晰地标注定量包装商品的净含量。

净含量的标注由“净含量”(中文)、数字和法定计量单位(或者用中文表示的计数单位)三个部分组成。法定计量单位的选择应当符合本办法附件1的规定。

以长度、面积、计数单位标注净含量的定量包装商品,可以免于标注“净含量”三个中文字,只标注数字和法定计量单位(或者用中文表示的计数单位)。

第六条 定量包装商品净含量标注字符的最小高度应当符合本办法附件2的规定。

第七条 同一包装内含有多件同种定量包装商品的,应当标注单件定量包装商品的净含量和总件数,或者标注总净含量。

同一包装内含有多件不同种定量包装商品的,应当标注各种不同种定量包装商品的单件净含量和各种不同种定量包装商品的件数,或者分别标注各种不同种定量包装商品的总净含量。

第八条 单件定量包装商品的实际含量应当准确反映其标注净含量,标注净含量与实际含量之差不得大于本办法附件3规定的允许短缺量。

第九条 批量定量包装商品的平均实际含量应当大于或者等于其标注净含量。

用抽样的方法评定一个检验批的定量包装商品,应当符合定量包装商品净含量计量检验规则等系列计量技术规范。

第十条 强制性国家标准中对定量包

装商品的净含量标注、允许短缺量以及法定计量单位的选择已有规定的，从其规定；没有规定的按照本办法执行。

第十一条 对因水分变化等因素引起净含量变化较大的定量包装商品，生产者应当采取措施保证在规定条件下商品净含量的准确。

第十二条 县级以上市场监督管理部门应当对生产、销售的定量包装商品进行计量监督检查。

市场监督管理部门进行计量监督检查时，应当充分考虑环境及水分变化等因素对定量包装商品净含量产生的影响。

第十三条 对定量包装商品实施计量监督检查进行的检验，应当由被授权的计量检定机构按照定量包装商品净含量计量检验规则等系列计量技术规范进行。

检验定量包装商品，应当考虑储存和运输等环境条件可能引起的商品净含量的合理变化。

第十四条 国家鼓励定量包装商品生

产者自愿开展计量保证能力评价工作，保证计量诚信。鼓励社会团体、行业组织建立行业规范、加强行业自律，促进计量诚信。

自愿开展计量保证能力评价的定量包装商品生产者，应当按照定量包装商品生产企业计量保证能力要求，进行自我评价。自我评价符合要求的，通过省级市场监督管理部门指定的网站进行声明后，可以在定量包装商品上使用全国统一的计量保证能力合格标志。

定量包装商品生产者自我声明后，企业主体资格、生产的定量包装商品品种或者规格等信息发生重大变化的，应当自发生变化一个月内再次进行声明。

第十五条 违反本办法规定，《中华人民共和国消费者权益保护法》《中华人民共和国产品质量法》等法律法规对法律责任已有规定的，从其规定。

第十六条 定量包装商品生产者按要求进行自我声明，使用计量保证能力合格标志，达不到定量包装商品生产企业计量保证能力要求的，由县级以上地方市场监督管理部门责令改正，处三万元以下罚款。

定量包装商品生产者未按要求进行自我声明，使用计量保证能力合格标志的，由县级以上地方市场监督管理部门责令改正，处五万元以下罚款。

第十七条 生产、销售定量包装商品违反本办法第五条、第六条、第七条规定，未正确、清晰地标注净含量的，由县级以上地方市场监督管理部门责令改正；未标注净含量的，限期改正，处三万元以下罚款。

第十八条 生产、销售的定量包装商品，经检验违反本办法第八条、第九条规定的，由县级以上地方市场监督管理部门责令改正，处三万元以下罚款。

第十九条 从事定量包装商品计量监督检验的机构伪造检验数据的，由县级以上地方市场监督管理部门处十万元以下罚款；有下列行为之一的，由县级以上市场监督管理部门责令改正，予以警告、通报

批评:

(一) 违反定量包装商品净含量计量检验规则等系列计量技术规范进行计量检验的;

(二) 使用未经检定、检定不合格或者超过检定周期的计量器具开展计量检验的;

(三) 擅自将检验结果及有关材料对外泄露的;

(四) 利用检验结果参与有偿活动的。

第二十条 本办法下列用语的含义是:

(一) 预包装商品是指销售前预先用包装材料或者包装容器将商品包装好,并有预先确定的量值(或者数量)的商品。

(二) 净含量是指除去包装容器和其他包装材料后内装商品的量。

(三) 实际含量是指市场监督管理部门授权的计量检定机构按照定量包装商品净含量计量检验规则等系列计量技术规范,通过计量检验确定的商品实际所包含的商品内容物的量。

(四) 标注净含量是指由生产者或者

销售者在定量包装商品的包装上明示的商品的净含量。

（五）允许短缺量是指单件定量包装商品的标注净含量与其实际含量之差的最大允许量值（或者数量）。

（六）检验批是指接受计量检验的，由同一生产者在相同生产条件下生产的一定数量的同种定量包装商品或者在销售者抽样地点现场存在的同种定量包装商品。

（七）同种定量包装商品是指由同一生产者生产，品种、标注净含量、包装规格及包装材料均相同的定量包装商品。

（八）计量保证能力合格标志（也称C标志）是指由国家市场监督管理总局统一规定式样，定量包装商品生产者明示其计量保证能力达到规定要求的标志。

第二十一条 本办法自2023年6月1日起施行。2005年5月30日原国家质量监督检验检疫总局令第75号公布的《定量包装商品计量监督管理办法》同时废止。

附件 1

法定计量单位的选择

商品的标注类别		检查要求	
		标注净含量的量限	计量单位
质量		$Q_n<1$ 克	mg(毫克)
		1 克 $\leqslant Q_n<1000$ 克	g(克)
		$Q_n\geqslant 1000$ 克	kg(千克)
体积(容积)	容积(液体)	$Q_n<1000$ 毫升	mL(ml)(毫升)或 cL(cl)(厘升)
		$Q_n\geqslant 1000$ 毫升	L(l)(升)
	体积(固体)	$Q_n\leqslant 1000$ 立方厘米(1 立方分米)	cm^3(立方厘米)或 mL(ml)(毫升)
		1 立方分米 $<Q_n<$ 1000 立方分米	dm^3(立方分米)或 L(l)(升)
		$Q_n\geqslant 1000$ 立方分米	m^3(立方米)
长度		$Q_n<1$ 毫米	μm(微米)或 mm(毫米)
		1 毫米 $\leqslant Q_n<$ 100 厘米	mm(毫米)或 cm(厘米)
		$Q_n\geqslant 100$ 厘米	m(米)
		注:长度标注包括所有的线性测量,如宽度、高度、厚度和直径	
面积		$Q_n<100$ 平方厘米(1 平方分米)	mm^2(平方毫米)或 cm^2(平方厘米)
		1 平方分米 $\leqslant Q_n<$ 100 平方分米	dm^2(平方分米)
		$Q_n\geqslant 1$ 平方米	m^2(平方米)

附件 2

标注字符高度

标注净含量(Q_n)	字符的最小高度(mm)
$Q_n \leqslant 50g$ $Q_n \leqslant 50mL$	2
$50g < Q_n \leqslant 200g$ $50mL < Q_n \leqslant 200mL$	3
$200g < Q_n \leqslant 1000g$ $200mL < Q_n \leqslant 1000mL$	4
$Q_n > 1kg$ $Q_n > 1L$	6
以长度、面积、计数单位标注	2

附件3

允许短缺量

质量或体积定量包装商品标注净含量 Q_n g 或 ml	允许短缺量 T^*	
	Q_n 的百分比	g 或 ml
0~50	9	——
50~100	——	4.5
100~200	4.5	——
200~300	——	9
300~500	3	——
500~1000	——	15
1000~10000	1.5	——
10000~15000	——	150
15000~50000	1	——

注 *：对于允许短缺量 T，当 $Q_n \leq 1$kg(L)时，T 值的 0.01g(ml)位上的数字修约至 0.1g(ml)位；当 $Q_n > 1$kg(L)时，T 值的 0.1g(ml)位上的数字修约至 g(ml)位。

续表

长度定量包装商品 标注净含量 Q_n	允许短缺量 T m
$Q_n \leqslant 5m$	不允许出现短缺量
$Q_n > 5m$	$Q_n \times 2\%$

面积定量包装商品 标注净含量 Q_n	允许短缺量 T
全部 Q_n	$Q_n \times 3\%$

计数定量包装商品 标注净含量 Q_n	允许短缺量 T
$Q_n \leqslant 50$	不允许出现短缺量
$Q_n > 50$	$Q_n \times 1\%$ **

注 **：以计数方式标注的商品，其净含量乘以 1%，如果允许短缺量出现小数，就把该小数进位到下一个紧邻的整数。这个数值可能大于 1%，这是可以允许的，因为商品的个数只能为整数，不能为小数。

零售商品称重计量监督管理办法

（2004年8月10日国家质量监督检验检疫总局、国家工商行政管理总局令第66号公布，根据2020年10月23日国家市场监督管理总局令第31号修订）

第一条 为维护社会主义市场经济秩序，制止利用计量手段欺骗消费者的不法行为，保护消费者的合法权益，根据《中华人民共和国计量法》、《中华人民共和国消费者权益保护法》等有关法律法规，制定本办法。

第二条 在中华人民共和国境内，从事零售商品的销售以及对其进行计量监督，必须遵守本办法。

本办法所称零售商品，是指以重量结

算的食品、金银饰品。

其他以重量结算的商品和以容量、长度、面积等结算的商品，另行规定。

定量包装商品的生产、经销以及对其的计量监督应当遵守《定量包装商品计量监督管理办法》。

第三条 零售商品经销者销售商品时，必须使用合格的计量器具，其最大允许误差应当优于或等于所销售商品的负偏差。

第四条 零售商品经销者使用称重计量器具当场称重商品，必须按照称重计量器具的实际示值结算，保证商品量计量合格。

第五条 零售商品经销者使用称重计量器具每次当场称重商品，在本办法附表1、附表2称重范围内，经核称商品的实际重量值与结算重量值之差不得超过该表规定的负偏差。

第六条 零售商品经销者和计量监督人员可以按照如下方法核称商品：

（一）原计量器具核称法：直接核称商品，商品的核称重量值与结算（标称）重量值之差不应超过商品的负偏差，并且称重与核称重量值等量的最大允许误差优于或等于所经销商品的负偏差三分之一的砝码，砝码示值与商品核称重量值之差不应超过商品的负偏差；

（二）高准确度称重计量器具核称法：用最大允许误差优于或等于所经销商品的负偏差三分之一的计量器具直接核称商品，商品的实际重量值与结算（标称）重量值之差不应超过商品的负偏差；

（三）等准确度称重计量器具核称法：用另一台最大允许误差优于或等于所经销商品的负偏差的计量器具直接核称商品，商品的核称重量值与结算（标称）重量值之差不应超过商品的负偏差的2倍。

第七条 本办法附表1中食品类尚未列出品种名称的，按照食品类相应价格档次的规定执行。

第八条 被核称商品的含水量及含水

量计算应当符合国家标准、行业标准的有关规定。

第九条 零售商品经销者不得拒绝市场监督管理部门依法对销售商品的计量监督检查。

第十条 凡有下列情况之一的，县级以上地方市场监督管理部门可以依照计量法、消费者权益保护法等有关法律、法规或者规章给予行政处罚：

（一）零售商品经销者违反本办法第三条规定的；

（二）零售商品经销者销售的商品，经核称超出本办法附表1、附表2规定的负偏差，给消费者造成损失的。

第十一条 本办法规定的行政处罚，由县级以上地方市场监督管理部门决定。

县级以上地方市场监督管理部门按照本办法实行行政处罚，必须遵守国家市场监督管理总局关于行政案件办理程序的有关规定。

第十二条 行政相对人对行政处罚决

定不服的,可以依法申请行政复议或者提起行政诉讼。

第十三条 本办法由国家市场监督管理总局负责解释。

第十四条 本办法自2004年12月1日起施行。原国家技术监督局、国内贸易部、国家工商行政管理局联合发布的《零售商品称重计量监督规定》(技监局发[1993]26号)同时废止。

附表1

食品品种、价格档次	称重范围(m)	负偏差
粮食、蔬菜、水果或不高于6元/kg的食品	$m\leqslant 1$kg	20g
	1kg<$m\leqslant 2$kg	40g
	2kg<$m\leqslant 4$kg	80g
	4kg<$m\leqslant 25$kg	100g
肉、蛋、禽*、海(水)产品*、糕点、糖果、调味品或高于6元/kg,但不高于30元/kg的食品	$m\leqslant 2.5$kg	5g
	2.5kg<$m\leqslant 10$kg	10g
	10kg<$m\leqslant 15$kg	15g

续表

食品品种、价格档次	称重范围(m)	负偏差
干菜、山（海）珍品或高于 30 元/kg，但不高于 100 元/kg 的食品	$m\leqslant 1\text{kg}$	2g
	$1\text{kg}<m\leqslant 4\text{kg}$	4g
	$4\text{kg}<m\leqslant 6\text{kg}$	6g
高于 100 元/kg 的食品	$m\leqslant 500\text{g}$	1g
	$500\text{g}<m\leqslant 2\text{kg}$	2g
	$2\text{kg}<m\leqslant 5\text{kg}$	3g

＊注:活禽、活鱼、水发物除外。

附表 2

名　　称	称重范围(m)	负偏差
金饰品	m(每件)$\leqslant 100\text{g}$	0.01g
银饰品	m(每件)$\leqslant 100\text{g}$	0.1g

《零售商品称重计量监督管理办法》修改

1. 2020年10月23日国家市场监督管理总局令第31号相关内容

一、将第九条、第十条、第十一条中的“质量技术监督部门或者工商行政管理部门”修改为“市场监督管理部门”。

二、将第十一条第二款中的“国家质量监督检验检疫总局或者国家工商行政管理总局”修改为“国家市场监督管理总局”。

三、将第十三条中的“国家质量监督检验检疫总局、国家工商行政管理总局按照职责分工”修改为“国家市场监督管理总局”。

四、将第二条中的“《定量包装商品计量监督规定》”修改为“《定量包装商品计量监督管理办法》”。

2. 内容修改对照

第二条

改前：在中华人民共和国境内，从事零售商品的销售以及对其进行计量监督，必须遵守本办法。

本办法所称零售商品，是指以重量结算的食品、金银饰品。

其他以重量结算的商品和以容量、长度、面积等结算的商品，另行规定。

定量包装商品的生产、经销以及对其的计量监督应当遵守《定量包装商品计量监督规定》。

改后：在中华人民共和国境内，从事零售商品的销售以及对其进行计量监督，必须遵守本办法。

本办法所称零售商品，是指以重量结算的食品、金银饰品。

其他以重量结算的商品和以容量、长度、面积等结算的商品，另行规定。

定量包装商品的生产、经销以及对其

的计量监督应当遵守《定量包装商品计量监督管理办法》。

第九条

改前： 零售商品经销者不得拒绝质量技术监督部门或者工商行政管理部门依法对销售商品的计量监督检查。

改后： 零售商品经销者不得拒绝市场监督管理部门依法对销售商品的计量监督检查。

第十条

改前： 凡有下列情况之一的，县级以上地方质量技术监督部门或者工商行政管理部门可以依照计量法、消费者权益保护法等有关法律、法规或者规章给予行政处罚：

（一）零售商品经销者违反本办法第三条规定的；

（二）零售商品经销者销售的商品，经核称超出本办法附表1、附表2规定的负偏差，给消费者造成损失的。

改后： 凡有下列情况之一的，县级以上地方市场监督管理部门可以依照计量法、消费者权益保护法等有关法律、法规或者规章给予行政处罚：

（一）零售商品经销者违反本办法第三条规定的；

（二）零售商品经销者销售的商品，经核称超出本办法附表1、附表2规定的负偏差，给消费者造成损失的。

第十一条

改前：本办法规定的行政处罚，由县级以上地方质量技术监督部门或者工商行政管理部门决定。

县级以上地方质量技术监督部门或者工商行政管理部门按照本办法实行行政处罚，必须遵守国家质量监督检验检疫总局或者国家工商行政管理总局关于行政案件办理程序的有关规定。

改后：本办法规定的行政处罚，由县级以上地方市场监督管理部门决定。

县级以上地方市场监督管理部门按照本办法实行行政处罚，必须遵守国家市场监督管理总局关于行政案件办理程序的有关规定。

第十三条

改前：本办法由国家质量监督检验检疫总局、国家工商行政管理总局按照职责分工负责解释。

改后：本办法由国家市场监督管理总局负责解释。

加油站计量监督管理办法

（2002年12月31日国家质量监督检验检疫总局令第35号公布，根据2018年3月6日国家质量监督检验检疫总局令第196号第一次修订，根据2020年10月23日国家市场监督管理总局令第31号第二次修订）

第一条 为了加强加油站计量监督管理，规范加油站计量行为，维护国家成品油零售税收征管秩序，保护消费者的合法权益，根据《中华人民共和国计量法》和国务院赋予国家市场监督管理总局的职责，制定本办法。

第二条 本办法适用于中华人民共和国境内加油站经营中的计量器具、成品油销售计量及相关计量活动的监督管理。

本办法所称加油站是指使用燃油加油机等计量器具进行成品油零售的固定场所。

第三条 国家市场监督管理总局对全国加油站计量工作实施统一监督管理。

县级以上地方市场监督管理部门对本行政区域内的加油站计量工作实施监督管理。

第四条 加油站成品油零售经营中应当保证计量器具和成品油零售量的准确，守法经营，诚信服务。

国家鼓励成品油经营者完善计量检测体系，保证成品油销售计量准确。

第五条 加油站经营者应当遵守以下规定：

（一）遵守计量法律、法规和规章，制订加油站计量管理及保护消费者权益的制度，对使用的计量器具进行维护和管理，接受市场监督管理部门的计量监督。

（二）配备专（兼）职计量人员，负责加油站的计量管理工作。加油站的计量人员应当接受相应的计量业务知识培训。

（三）使用属于强制检定的计量器具应当登记造册，向当地市场监督管理部门备案，并配合市场监督管理部门及其指定的法定计量检定机构做好强制检定工作。

（四）使用的燃油加油机等计量器具应当具有出厂产品合格证书；燃油加油机安装后报经当地市场监督管理部门授权的法定计量检定机构检定合格，方可投入使用。

（五）需要维修燃油加油机，应当向具有合法维修资格的单位报修，维修后的燃油加油机应当报经执行强制检定的法定计量检定机构检定合格后，方可重新投入使用。

（六）不得使用非法定计量单位，不得违反规定使用非法定计量单位的计量器具以及国家明令淘汰或者禁止使用的计量器具用于成品油贸易交接。

（七）不得使用未经检定、超过检定周期或者经检定不合格的计量器具；不得破坏计量器具及其铅(签)封,不得擅自改动、拆装燃油加油机,不得使用未经批准而改动的燃油加油机,不得弄虚作假。

(八)进行成品油零售时,应当使用燃油加油机等计量器具,并明示计量单位、计量过程和计量器具显示的量值,不得估量计费。成品油零售量的结算值应当与实际值相符,其偏差不得超过国家规定的允许误差;国家对计量偏差没有规定的,其偏差不得超过所使用计量器具的允许误差。

(九)申请计量器具检定,应当按物价部门核准的项目和收费标准缴纳费用。

第六条 各级市场监督管理部门在进行计量监督管理时应当遵守以下规定:

(一)宣传计量法律、法规、规章,帮助和督促加油站经营者按照计量法律、法规和有关规定的要求,做好加油站的计量管理工作。

(二)对加油站的计量器具、成品油销售计量和相关计量活动进行计量监督管理,组织计量执法检查,打击计量违法行为。

（三）引导加油站加强计量保证能力，完善计量检测体系。

（四）受理计量纠纷投诉，负责计量纠纷的调解和仲裁检定。

第七条 计量检定机构和计量检定人员在开展计量检定、测试工作时，应当遵守以下规定：

（一）按照国家计量检定规程进行检定，在规定期限内完成检定，出具检定证书，并在燃油加油机上加贴检定合格标志。在实施检定时发现铅封破损应当立即报告当地有关市场监督管理部门。

（二）不得使用未经考核合格或者超过有效期的计量标准开展检定工作。

（三）不得指派不具备计量检定能力的人员从事计量检定工作。

（四）不得随意调整检定周期，不得无故拖延检定时间，不得超标准收费。

第八条 消费者对加油站的燃油加油机等计量器具准确度和成品油零售量产生

异议，可在保持现场原状的情况下，向市场监督管理部门提出仲裁检定的申请，并可依据市场监督管理部门的仲裁检定结果，向加油站经营者要求赔偿。

第九条 加油站经营者违反本办法有关规定，应当按以下规定进行处罚：

（一）违反本办法第五条第（四）项规定，使用出厂产品合格证不齐全计量器具的，责令其停止使用，没收计量器具和全部违法所得，可并处2000元以下罚款。燃油加油机安装后未报经市场监督管理部门授权的法定计量检定机构强制检定合格即投入使用的，责令其停止使用，可并处5000元以下罚款；给国家和消费者造成损失的，责令其赔偿损失，可并处5000元以上30000元以下罚款。

（二）违反本办法第五条第（五）项规定的，责令改正和停止使用，可并处5000元以下罚款；给消费者造成损失的，责令其赔偿损失，可并处5000元以上30000元以下罚款。

（三）违反本办法第五条第（七）项规定，使用未经检定、超过检定周期或者经检定不合格的计量器具的，责令其停止使用，可并处1000元以下罚款。破坏计量器具及其铅（签）封，擅自改动、拆装燃油加油机，使用未经批准而改动的燃油加油机，以及弄虚作假、给消费者造成损失的，责令其赔偿损失，并按照《中华人民共和国计量法实施细则》有关规定予以处罚；构成犯罪的，依法追究刑事责任。

（四）违反本办法第五条第（八）项规定，未使用计量器具的，限期改正，逾期不改的，处1000元以上10000元以下罚款；成品油零售量的结算值与实际值之差超过国家规定允许误差的，责令改正，给消费者造成损失的，责令其赔偿损失，并处以违法所得3倍以下、最高不超过30000元的罚款。

第十条 加油站经营者违反本办法规定，拒不提供成品油零售账目或者提供不真实账目，使违法所得难以计算的，可根据违法行为的情节轻重处以最高不超过30000元的罚款。

第十一条 从事加油站计量监督管理的国家工作人员滥用职权、玩忽职守、徇私舞弊，情节轻微的，给予行政处分；构成犯罪的，依法追究刑事责任。

第十二条 从事加油站计量器具检定的计量检定机构和计量检定人员有违反计量法律、法规和本办法规定的，按照《计量违法行为处罚细则》有关规定予以处罚。

第十三条 本办法规定的行政处罚，由县级以上地方市场监督管理部门决定。

县级以上地方市场监督管理部门按照本办法实施行政处罚，必须遵守国家市场监督管理总局关于行政案件办理程序的有关规定。

第十四条 行政相对人对行政处罚规定不服的，可依法申请行政复议或者提起行政诉讼。

第十五条 本办法第二条规定的加油站以外的油库、加油船、流动加油车、加油点等成品油经营中的计量器具、成品油销售计量及相关计量活动的监督管理参照本办法执行。

第十六条 本办法规定的加油机检定合格标志式样由国家市场监督管理总局统一规定。

第十七条 本办法由国家市场监督管理总局负责解释。

第十八条 本办法自2003年2月1日起施行。

《加油站计量监督管理办法》修改一

1. 2018 年 3 月 6 日国家质量监督检验检疫总局令第 196 号相关内容

一、将第五条第二项中的“加油站的计量人员应当接受省级质量技术监督部门组织的计量业务知识培训，持证上岗”修改为“加油站的计量人员应当接受相应的计量业务知识培训”。删除第五条第四项中的“或者进口计量器具检定证书”。

二、将第七条第三项中的“未取得计量检定员证”修改为“不具备计量检定能力”。

三、删除第九条第一项；删除第九条第二项中的“或者无进口计量器具检定证书的”和“没收计量器具和全部违法所得”；将第九条第五项中的“并按照《中华人民共和国计量法实施细则》第五十一条规定予以处罚”修改为“并按照《中华人民共和国计量法实施细则》有关规定予以处罚”;删除第九条第五项中的“情节严重的,提请省级经贸部门和工商行政管理部门吊销加油站《成品油零售经营批准证书》和营业执照”。

2. 内容修改对照

第五条

改前: 加油站经营者应当遵守以下规定:

(一)遵守计量法律、法规和规章,制订加油站计量管理及保护消费者权益的制度,对使用的计量器具进行维护和管理,接受质量技术监督部门的计量监督。

(二)配备专(兼)职计量人员,负责加油站的计量管理工作。加油站的计量人员应当接受省级质量技术监督部门组织的计量业务知识培训,持证上岗。

(三)使用属于强制检定的计量器具应当登记造册,向当地质量技术监督部门备案,并配合质量技术监督部门及其指定的法定计量检定机构做好强制检定工作。

（四）使用的燃油加油机等计量器具应当具有制造计量器具许可证标志、编号和出厂产品合格证书或者进口计量器具检定证书；燃油加油机安装后报经当地质量技术监督部门授权的法定计量检定机构检定合格，方可投入使用。

（五）需要维修燃油加油机，应当向具有合法维修资格的单位报修，维修后的燃油加油机应当报经执行强制检定的法定计量检定机构检定合格后，方可重新投入使用。

（六）不得使用非法定计量单位，不得使用国务院规定废除的非法定计量单位的计量器具以及国家明令淘汰或者禁止使用的计量器具用于成品油贸易交接。

（七）不得使用未经检定、超过检定周期或者经检定不合格的计量器具；不得破坏计量器具及其铅（签）封，不得擅自改动、拆装燃油加油机，不得使用未经批准而改动的燃油加油机，不得弄虚作假。

（八）进行成品油零售时，应当使用燃

油加油机等计量器具，并明示计量单位、计量过程和计量器具显示的量值，不得估量计费。成品油零售量的结算值应当与实际值相符，其偏差不得超过国家规定的允许误差；国家对计量偏差没有规定的，其偏差不得超过所使用计量器具的允许误差。

（九）申请计量器具检定，应当按物价部门核准的项目和收费标准缴纳费用。

改后：加油站经营者应当遵守以下规定：

（一）遵守计量法律、法规和规章，制订加油站计量管理及保护消费者权益的制度，对使用的计量器具进行维护和管理，接受质量技术监督部门的计量监督。

（二）配备专（兼）职计量人员，负责加油站的计量管理工作。加油站的计量人员应当接受相应的计量业务知识培训。

（三）使用属于强制检定的计量器具应当登记造册，向当地质量技术监督部门备案，并配合质量技术监督部门及其指定的法定计量检定机构做好强制检定工作。

（四）使用的燃油加油机等计量器具应当具有制造计量器具许可证标志、编号和出厂产品合格证书；燃油加油机安装后报经当地质量技术监督部门授权的法定计量检定机构检定合格，方可投入使用。

（五）需要维修燃油加油机，应当向具有合法维修资格的单位报修，维修后的燃油加油机应当报经执行强制检定的法定计量检定机构检定合格后，方可重新投入使用。

（六）不得使用非法定计量单位，不得使用国务院规定废除的非法定计量单位的计量器具以及国家明令淘汰或者禁止使用的计量器具用于成品油贸易交接。

（七）不得使用未经检定、超过检定周期或者经检定不合格的计量器具；不得破坏计量器具及其铅（签）封，不得擅自改动、拆装燃油加油机，不得使用未经批准而改动的燃油加油机，不得弄虚作假。

（八）进行成品油零售时，应当使用燃油加油机等计量器具，并明示计量单位、计量过程和计量器具显示的量值，不得估量计费。成品油零售量的结算值应当与实际值相符,其偏差不得超过国家规定的允许误差;国家对计量偏差没有规定的,其偏差不得超过所使用计量器具的允许误差。

(九)申请计量器具检定,应当按物价部门核准的项目和收费标准缴纳费用。

第七条　第三项

改前:

(三)不得指派未取得计量检定员证的人员从事计量检定工作。

改后:

(三)不得指派不具备计量检定能力的人员从事计量检定工作。

第九条

改前: 加油站经营者违反本办法有关规定,应当按以下规定进行处罚:

(一)违反本办法第五条第(三)项规定的,责令改正,可并处1000元以下罚款。

(二)违反本办法第五条第(四)项规定,使用计量器具许可证标志、编号和出厂产品合格证不齐全或者无进口计量器具检定证书的计量器具的，责令其停止使用，没收计量器具和全部违法所得，可并处 2000 元以下罚款。燃油加油机安装后未报经质量技术监督部门授权的法定计量检定机构强制检定合格即投入使用的，责令其停止使用，可并处 5000 元以下罚款；给国家和消费者造成损失的，责令其赔偿损失，可并处 5000 元以上 3000 元以下罚款。

（三）违反本办法第五条第（五）项规定的，责令改正和停止使用，可并处 5000 元以下罚款；给消费者造成损失的，责令其赔偿损失，可并处 5000 元以上 30000 元以下罚款。

（四）违反本办法第五条第（六）项规定的，责令其改正和停止使用，没收计量器具和全部违法所得，可并处违法所得 10% 至 50% 的罚款。

（五）违反本办法第五条第（七）项规定，使用未经检定、超过检定周期或者经检定不合格的计量器具的，责令其停止使用，可并处 1000 元以下罚款。破坏计量器具及其铅(签)封,擅自改动、拆装燃油加油机,使用未经批准而改动的燃油加油机,以及弄虚作假、给消费者造成损失的,责令其赔偿损失,并按照《中华人民共和国计量法实施细则》第五十一条规定予以处罚;情节严重的,提请省级经贸部门和工商行政管理部门吊销加油站《成品油零售经营批准证书》和营业热照;构成犯罪的,依法追究刑事责任。

(六) 违反本办法第五条第(八)项规定,未使用计量器具的,限期改正,逾期不改的,处1000元以上10000元以下罚款;成品油零售量的结算值与实际值之差超过国家规定允许误差的,责令改正,给消费者造成损失的,责令其赔偿损失,并处以违法所得3倍以下、最高不超过30000元的罚款。

改后:加油站经营者违反本办法有关规定,应当按以下规定进行处罚:

(一) 违反本办法第五条第(四)项规定,使用计量器具许可证标志、编号和出厂产品合格证不齐全计量器具的,责令其停止使用，可并处2000元以下罚款。燃油加油机安装后未报经质量技术监督部门授权的法定计量检定机构强制检定合格即投入使用的，责令其停止使用，可并处5000元以下罚款；给国家和消费者造成损失的，责令其赔偿损失，可并处5000元以上3000元以下罚款。

（二）违反本办法第五条第（五）项规定的，责令改正和停止使用，可并处5000元以下罚款；给消费者造成损失的，责令其赔偿损失，可并处5000元以上30000元以下罚款。

（三）违反本办法第五条第（六）项规定的，责令其改正和停止使用，没收计量器具和全部违法所得，可并处违法所得10%至50%的罚款。

（四）违反本办法第五条第（七）项规定，使用未经检定、超过检定周期或者经检定不合格的计量器具的，责令其停止使用，可并处1000元以下罚款。破坏计量器具及其铅（签）封，擅自改动、拆装燃油加油机，使用未经批准而改动的燃油加油机，以及弄虚作假、给消费者造成损失的，责令其赔偿损失，并按照《中华人民共和国计量法实施细则》有关规定予以处罚；构成犯罪的，依法追究刑事责任。

（五）违反本办法第五条第（八）项规定，未使用计量器具的，限期改正，逾期不改的，处1000元以上10000元以下罚款；成品油零售量的结算值与实际值之差超过国家规定允许误差的，责令改正，给消费者造成损失的，责令其赔偿损失，并处以违法所得3倍以下、最高不超过30000元的罚款。

《加油站计量监督管理办法》修改二

1. 2020年10月23日国家市场监督管理总局令第31号相关内容

一、将第一条、第三条、第十三条、第十六条、第十七条中的“国家质量监督检验检疫总局”修改为“国家市场监督管理总局”。

将第三条、第五条、第六条、第七条、第八条、第九条、第十三条中的“质量技术监督部门”修改为“市场监督管理部门”。

二、删去第五条第四项中的“制造计量器具许可证标志、编号和”。第六项中的“不得使用国务院规定废除的非法定计量单位的计量器具”修改为“不得违反规定使用非法定计量单位的计量器具”。

三、将第六条第三项修改为:“引导加油站加强计量保证能力,完善计量检测体系”。

四、删去第九条第一项中的“计量器具许可证标志、编号和”。删去第三项。

2. 内容修改对照

第一条

改前:为了加强加油站计量监督管理,规范加油站计量行为,维护国家成品油零售税收征管秩序,保护消费者的合法权益,根据《中华人民共和国计量法》和国务院赋予国家质量监督检验检疫总局的职责，制定本办法。

改后：为了加强加油站计量监督管理，规范加油站计量行为，维护国家成品油零售税收征管秩序，保护消费者的合法权益，根据《中华人民共和国计量法》和国务院赋予国家市场监督管理总局的职责，制定本办法。

第三条

改前：国家质量监督检验检疫总局对全国加油站计量工作实施统一监督管理。

县级以上地方质量技术监督部门对本行政区域内的加油站计量工作实施监督管理。

改后：国家市场监督管理总局对全国加油站计量工作实施统一监督管理。

县级以上地方市场监督管理部门对本行政区域内的加油站计量工作实施监督管理。

第五条

改前：加油站经营者应当遵守以下规定：

（一）遵守计量法律、法规和规章，制订加油站计量管理及保护消费者权益的制度，对使用的计量器具进行维护和管理，接受质量技术监督部门的计量监督。

（二）配备专（兼）职计量人员，负责加油站的计量管理工作。加油站的计量人员应当接受相应的计量业务知识培训。

（三）使用属于强制检定的计量器具应当登记造册，向当地质量技术监督部门备案，并配合质量技术监督部门及其指定的法定计量检定机构做好强制检定工作。

（四）使用的燃油加油机等计量器具应当具有制造计量器具许可证标志、编号和出厂产品合格证书；燃油加油机安装后报经当地质量技术监督部门授权的法定计量检定机构检定合格，方可投入使用。

（五）需要维修燃油加油机，应当向具有合法维修资格的单位报修，维修后的燃油加油机应当报经执行强制检定的法定计量检定机构检定合格后，方可重新投入使用。

（六）不得使用非法定计量单位，不得使用国务院规定废除的非法定计量单位的计量器具以及国家明令淘汰或者禁止使用的计量器具用于成品油贸易交接。

（七）不得使用未经检定、超过检定周期或者经检定不合格的计量器具；不得破坏计量器具及其铅（签）封，不得擅自改动、拆装燃油加油机，不得使用未经批准而改动的燃油加油机，不得弄虚作假。

（八）进行成品油零售时，应当使用燃油加油机等计量器具，并明示计量单位、计量过程和计量器具显示的量值，不得估量计费。成品油零售量的结算值应当与实际值相符，其偏差不得超过国家规定的允许误差；国家对计量偏差没有规定的，其偏差不得超过所使用计量器具的允许误差。

（九）申请计量器具检定，应当按物价部门核准的项目和收费标准缴纳费用。

改后：加油站经营者应当遵守以下规定：

（一）遵守计量法律、法规和规章，制

订加油站计量管理及保护消费者权益的制度，对使用的计量器具进行维护和管理，接受市场监督管理部门的计量监督。

（二）配备专（兼）职计量人员，负责加油站的计量管理工作。加油站的计量人员应当接受相应的计量业务知识培训。

（三）使用属于强制检定的计量器具应当登记造册，向当地市场监督管理部门备案，并配合市场监督管理部门及其指定的法定计量检定机构做好强制检定工作。

（四）使用的燃油加油机等计量器具应当具有出厂产品合格证书；燃油加油机安装后报经当地市场监督管理部门授权的法定计量检定机构检定合格，方可投入使用。

（五）需要维修燃油加油机，应当向具有合法维修资格的单位报修，维修后的燃油加油机应当报经执行强制检定的法定计量检定机构检定合格后，方可重新投入使用。

（六）不得使用非法定计量单位，不得违反规定使用非法定计量单位的计量器具以及国家明令淘汰或者禁止使用的计量器具用于成品油贸易交接。

（七）不得使用未经检定、超过检定周期或者经检定不合格的计量器具；不得破坏计量器具及其铅（签）封，不得擅自改动、拆装燃油加油机，不得使用未经批准而改动的燃油加油机，不得弄虚作假。

（八）进行成品油零售时，应当使用燃油加油机等计量器具，并明示计量单位、计量过程和计量器具显示的量值，不得估量计费。成品油零售量的结算值应当与实际值相符，其偏差不得超过国家规定的允许误差；国家对计量偏差没有规定的，其偏差不得超过所使用计量器具的允许误差。

（九）申请计量器具检定，应当按物价部门核准的项目和收费标准缴纳费用。

第六条

改前：各级质量技术监督部门在进行计量监督管理时应当遵守以下规定：

（一）宣传计量法律、法规、规章，帮助和督促加油站经营者按照计量法律、法规和有关规定的要求，做好加油站的计量管理工作。

（二）对加油站的计量器具、成品油销售计量和相关计量活动进行计量监督管理，组织计量执法检查，打击计量违法行为。

（三）引导加油站完善计量保证能力，鼓励省级质量技术监督部门对完善计量检测体系的加油站开展"加油站计量信得过"活动。

（四）受理计量纠纷投诉，负责计量纠纷的调解和仲裁检定。

改后：各级市场监督管理部门在进行计量监督管理时应当遵守以下规定：

（一）宣传计量法律、法规、规章，帮助和督促加油站经营者按照计量法律、法规和有关规定的要求，做好加油站的计量管理工作。

（二）对加油站的计量器具、成品油销售计量和相关计量活动进行计量监督管理，组织计量执法检查，打击计量违法行为。

（三）引导加油站加强计量保证能力，完善计量检测体系。

（四）受理计量纠纷投诉，负责计量纠纷的调解和仲裁检定。

第七条

改前：计量检定机构和计量检定人员在开展计量检定、测试工作时，应当遵守以下规定：

（一）按照国家计量检定规程进行检定，在规定期限内完成检定，出具检定证书，并在燃油加油机上加贴检定合格标志。在实施检定时发现铅封破损应当立即报告当地有关质量技术监督部门。

（二）不得使用未经考核合格或者超过有效期的计量标准开展检定工作。

（三）不得指派不具备计量检定能力的人员从事计量检定工作。

（四）不得随意调整检定周期，不得无故拖延检定时间，不得超标准收费。

改后：计量检定机构和计量检定人员在开展计量检定、测试工作时，应当遵守以下规定：

（一）按照国家计量检定规程进行检

定，在规定期限内完成检定，出具检定证书，并在燃油加油机上加贴检定合格标志。在实施检定时发现铅封破损应当立即报告当地有关市场监督管理部门。

（二）不得使用未经考核合格或者超过有效期的计量标准开展检定工作。

（三）不得指派不具备计量检定能力的人员从事计量检定工作。

（四）不得随意调整检定周期，不得无故拖延检定时间，不得超标准收费。

第八条

改前：消费者对加油站的燃油加油机等计量器具准确度和成品油零售量产生异议，可在保持现场原状的情况下，向质量技术监督部门提出仲裁检定的申请，并可依据质量技术监督部门的仲裁检定结果，向加油站经营者要求赔偿。

改后：消费者对加油站的燃油加油机等计量器具准确度和成品油零售量产生异议，可在保持现场原状的情况下，向市场监督管理部门提出仲裁检定的申请，并可依据市场监督管理部门的仲裁检定结果，向加油站经营者要求赔偿。

第九条

改前：加油站经营者违反本办法有关规定，应当按以下规定进行处罚：

（一）违反本办法第五条第（四）项规定，使用计量器具许可证标志、编号和出厂产品合格证不齐全计量器具的，责令其停止使用，可并处2000元以下罚款。燃油加油机安装后未报经质量技术监督部门授权的法定计量检定机构强制检定合格即投入使用的，责令其停止使用，可并处5000元以下罚款；给国家和消费者造成损失的，责令其赔偿损失，可并处5000元以上30000元以下罚款。

（二）违反本办法第五条第（五）项规定的，责令改正和停止使用，可并处5000元以下罚款；给消费者造成损失的，责令其赔偿损失，可并处5000元以上30000元以下罚款。

（三）违反本办法第五条第（六）项规

定的，责令其改正和停止使用，没收计量器具和全部违法所得，可并处违法所得 10% 至 50% 的罚款。

（四）违反本办法第五条第（七）项规定，使用未经检定、超过检定周期或者经检定不合格的计量器具的，责令其停止使用，可并处 1000 元以下罚款。破坏计量器具及其铅（签）封，擅自改动、拆装燃油加油机，使用未经批准而改动的燃油加油机，以及弄虚作假、给消费者造成损失的，责令其赔偿损失，并按照《中华人民共和国计量法实施细则》有关规定予以处罚；构成犯罪的，依法追究刑事责任。

（五）违反本办法第五条第（八）项规定，未使用计量器具的，限期改正，逾期不改的，处 1000 元以上 10000 元以下罚款；成品油零售量的结算值与实际值之差超过国家规定允许误差的，责令改正，给消费者造成损失的，责令其赔偿损失，并处以违法所得 3 倍以下、最高不超过 30000 元的罚款。

改后：加油站经营者违反本办法有关规定，应当按以下规定进行处罚：

（一）违反本办法第五条第（四）项规定，使用出厂产品合格证不齐全计量器具的，责令其停止使用，没收计量器具和全部违法所得，可并处2000元以下罚款。燃油加油机安装后未报经市场监督管理部门授权的法定计量检定机构强制检定合格即投入使用的，责令其停止使用，可并处5000元以下罚款；给国家和消费者造成损失的，责令其赔偿损失，可并处5000元以上30000元以下罚款。

（二）违反本办法第五条第（五）项规定的，责令改正和停止使用，可并处5000元以下罚款；给消费者造成损失的，责令其赔偿损失，可并处5000元以上30000元以下罚款。

（三）违反本办法第五条第（七）项规定，使用未经检定、超过检定周期或者经检定不合格的计量器具的，责令其停止使用，可并处1000元以下罚款。破坏计量器具及其铅(签)封,擅自改动、拆装燃油加油机,使用未经批准而改动的燃油加油机,以及弄虚作假、给消费者造成损失的,责令其赔偿损失,并按照《中华人民共和国计量法实施细则》有关规定予以处罚;构成犯罪的,依法追究刑事责任。

(四)违反本办法第五条第(八)项规定,未使用计量器具的,限期改正,逾期不改的,处1000元以上10000元以下罚款;成品油零售量的结算值与实际值之差超过国家规定允许误差的,责令改正,给消费者造成损失的,责令其赔偿损失,并处以违法所得3倍以下、最高不超过30000元的罚款。

第十三条

改前:本办法规定的行政处罚,由县级以上地方质量技术监督部门决定。

县级以上地方质量技术监督部门按照本办法实施行政处罚,必须遵守国家质量监督检验检疫总局关于行政案件办理程序的有关规定。

改后：本办法规定的行政处罚，由县级以上地方市场监督管理部门决定。

县级以上地方市场监督管理部门按照本办法实施行政处罚，必须遵守国家市场监督管理总局关于行政案件办理程序的有关规定。

第十六条

改前：本办法规定的加油机检定合格标志式样由国家质量监督检验检疫总局统一规定。

改后：本办法规定的加油机检定合格标志式样由国家市场监督管理总局统一规定。

第十七条

改前：本办法由国家质量监督检验检疫总局负责解释。

改后：本办法由国家市场监督管理总局负责解释。

眼镜制配计量监督管理办法

（2003年10月15日国家质量监督检验检疫总局令第54号公布，根据2018年3月6日国家质量监督检验检疫总局令第196号第一次修订，根据2020年10月23日国家市场监督管理总局令第31号第二次修订，根据2022年9月29日国家市场监督管理总局令第61号第三次修订）

第一条 为加强对眼镜制配的计量监督管理，规范眼镜制配的计量行为，保护消费者的身体健康和人身安全，根据《中华人民共和国计量法》和国务院赋予国家市场监督管理总局的职责，制定本办法。

第二条 在中华人民共和国境内从事眼镜制配计量活动和相关的计量监督管理，必须遵守本办法。

本办法所称眼镜制配是指单位或者个人从事眼镜镜片、角膜接触镜、成品眼镜的生产、销售以及配镜验光、定配眼镜、角膜接触镜配戴等经营活动。

本办法所称成品眼镜包括装成眼镜、太阳镜等。

本办法所称配镜验光是指使用验光设备等计量检测仪器对消费者眼睛的屈光状态进行测量、分析并出具相关数据的活动。

第三条 国家市场监督管理总局对全国眼镜制配计量工作实施统一监督管理。

县级以上地方市场监督管理部门对本行政区域内的眼镜制配计量工作实施监督管理。

第四条 眼镜制配者应当遵守以下规定:

(一) 遵守计量法律、法规和规章,制定眼镜制配的计量管理及保护消费者权益的制度,完善计量保证体系,依法接受市场监督管理部门的计量监督。

(二) 配备经计量业务知识培训合格

的专(兼)职计量管理和专业技术人员,负责眼镜制配的计量工作。

(三)使用属于强制检定的计量器具必须按照规定登记造册,报当地县级市场监督管理部门备案,并向其指定的计量检定机构申请周期检定。当地不能检定的,向上一级市场监督管理部门指定的计量检定机构申请周期检定。

(四)不得使用未经检定、超过检定周期或者经检定不合格的计量器具。

(五)不得违反规定使用非法定计量单位。

(六)申请计量器具检定,应当按照价格主管部门核准的项目和收费标准交纳费用。

第五条 眼镜镜片、角膜接触镜和成品眼镜生产者除遵守本办法第四条规定外,还应当遵守以下规定:

(一)配备与生产相适应的顶焦度、透过率和厚度等计量检测设备。

(二)保证出具的眼镜产品计量数据

准确可靠。

第六条 眼镜镜片、角膜接触镜、成品眼镜销售者以及从事配镜验光、定配眼镜、角膜接触镜配戴的经营者除遵守本办法第四条规定外,还应当遵守以下规定:

(一)建立完善的进出货物计量检测验收制度。

(二)配备与销售、经营业务相适应的验光、瞳距、顶焦度、透过率、厚度等计量检测设备。

(三)从事角膜接触镜配戴的经营者还应当配备与经营业务相适应的眼科计量检测设备。

(四)保证出具的眼镜产品计量数据准确可靠。

第七条 各级市场监督管理部门在进行计量监督管理时应当遵守以下规定:

(一)宣传计量法律、法规和规章,督促眼镜制配者遵守计量法律、法规和有关规定,做好眼镜制配的计量监督管理工作。

(二)对眼镜制配中使用的计量器具

和相关计量活动进行计量监督管理，查处计量违法行为。

（三）引导眼镜制配者完善计量保证体系。

（四）受理计量投诉，调解计量纠纷，组织仲裁检定。

第八条 计量检定机构和计量检定人员进行计量检定时，应当遵守以下规定：

（一）按照计量检定规程完成检定，出具检定证书。

（二）不得使用未经考核合格或者超过有效期的计量标准开展计量检定工作。

（三）不得指派不具备计量检定能力的人员从事计量检定工作。

（四）不得擅自调整检定周期。

（五）不得伪造数据。

（六）不得超过标准收费。

第九条 眼镜制配者违反本办法第四条有关规定，应当按照下列规定进行处罚：

（一）属于强制检定范围的计量器具，未按照规定申请检定和属于非强制检定范围的计量器具未自行定期检定或者送其他计量检定机构定期检定的,以及经检定不合格继续使用的,责令其停止使用,可并处1000元以下的罚款。

（二）使用非法定计量单位的,责令改正。

第十条 眼镜镜片、角膜接触镜、成品眼镜生产者违反本办法第五条有关规定,应当按照以下规定进行处罚:

（一）违反本办法第五条第一项规定的,责令改正,可以并处1000元以上10000元以下罚款。

（二）违反本办法第五条第二项规定,责令改正,给消费者造成损失的,责令赔偿损失,可以并处2000元以下罚款。

第十一条 从事眼镜镜片、角膜接触镜、成品眼镜销售以及从事配镜验光、定配眼镜、角膜接触镜配戴经营者违反本办法第六条有关规定,应当按照以下规定进行处罚:

（一）违反本办法第六条第一项规定

的，责令改正。

（二）违反本办法第六条第二项规定的，责令改正，可以并处1000元以上10000元以下罚款。

（三）违反本办法第六条第三项规定的，责令改正，可以并处2000元以下罚款。

（四）违反本办法第六条第四项规定的，责令改正，给消费者造成损失的，责令赔偿损失，没收全部违法所得，可以并处2000元以下罚款。

第十二条 眼镜制配者违反本办法规定，拒不提供眼镜制配账目，使违法所得难以计算的，可根据违法行为的情节轻重处以最高不超过30000元的罚款。

第十三条 从事眼镜制配计量监督管理的国家工作人员滥用职权、玩忽职守、徇私舞弊的，给予行政处分；构成犯罪的，依法追究刑事责任。

第十四条 从事眼镜制配计量器具检定的计量检定机构和计量检定人员有违反计量法律、法规和本办法规定的，按照计量法律法规的有关规定进行处罚。

第十五条 本办法规定的行政处罚，由县级以上地方市场监督管理部门决定。

县级以上地方市场监督管理部门按照本办法实施行政处罚，必须遵守国家市场监督管理总局关于行政案件办理程序的有关规定。

第十六条 行政相对人对行政处罚不服的，可以依法申请行政复议或者提起行政诉讼。

第十七条 本办法下列用语的含义是指：

（一）眼镜制配者是指从事眼镜镜片、角膜接触镜、成品眼镜的生产、销售以及配镜验光、定配眼镜、角膜接触镜配戴等经营活动的单位或者个人。是本办法所称生产者、销售者以及经营者的统称。

（二）生产者是指从事眼镜镜片、角膜接触镜和成品眼镜生产活动的单位或者个人。

（三）销售者是指从事眼镜镜片、角膜

接触镜、成品眼镜销售活动的单位或者个人。

（四）经营者是指从事配镜验光、定配眼镜、角膜接触镜配戴经营活动的单位或者个人。

第十八条 本办法由国家市场监督管理总局负责解释。

第十九条 本办法自2003年12月1日起施行。

《眼镜制配计量监督管理办法》修改一

1. 2018 年 3 月 6 日国家质量监督检验检疫总局令第 196 号相关内容

一、删除第四条第三项。

二、将第八条第三项中的“未取得计量检定员证”修改为“不具备计量检定能力”。

三、删除第九条第一项；删除第九条第二项中的“违反本办法第四条第（四）项、第（五）项规定，使用属于强制检定的计量器具未按照规定登记造册，报当地县级质量技术监督部门备案的，责令改正”；删除第九条第三项中的“违反本办法第四条第（六）项规定”和“没收计量器具和全部违法所得”。

四、删除第十条第二项中的“没收全部违法所得”。

2. 内容修改对照

第四条

改前：眼镜制配者应当遵守以下规定：

（一）遵守计量法律、法规和规章，制定眼镜制配的计量管理及保护消费者权益的制度，完善计量保证体系，依法接受质量技术监督部门的计量监督。

（二）遵守职业人员市场准入制度规定，配备经计量业务知识培训合格，取得相应职业资格的专（兼）职计量管理和专业技术人员，负责眼镜制配的计量工作。

（三）配备的计量器具应当具有制造计量器具许可证标志、编号、产品合格证；进口的计量器具应当符合《中华人民共和国进口计量器具监督管理办法》的有关规定。

（四）使用属于强制检定的计量器具必须按照规定登记造册，报当地县级质量技术监督部门备案,并向其指定的计量检定机构申请周期检定。当地不能检定的,向上一级质量技术监督部门指定的计量检定机构申请周期检定。

(五)不得使用未经检定、超过检定周期或者经检定不合格的计量器具。

(六)不得使用非法定计量单位,不得使用国务院规定废除的非法定计量单位的计量器具和国务院禁止使用的其他计量器具。

(七)申请计量器具检定,应当按照价格主管部门核准的项目和收费标准交纳费用。

改后: 眼镜制配者应当遵守以下规定:

(一)遵守计量法律、法规和规章,制定眼镜制配的计量管理及保护消费者权益的制度,完善计量保证体系,依法接受质量技术监督部门的计量监督。

(二)遵守职业人员市场准入制度规定,配备经计量业务知识培训合格,取得相应职业资格的专(兼)职计量管理和专业技术人员,负责眼镜制配的计量工作。

(三) 使用属于强制检定的计量器具必须按照规定登记造册,报当地县级质量技术监督部门备案,并向其指定的计量检定机构申请周期检定。当地不能检定的,向上一级质量技术监督部门指定的计量检定机构申请周期检定。

(四) 不得使用未经检定、超过检定周期或者经检定不合格的计量器具。

(五) 不得使用非法定计量单位,不得使用国务院规定废除的非法定计量单位的计量器具和国务院禁止使用的其他计量器具。

(六) 申请计量器具检定,应当按照价格主管部门核准的项目和收费标准交纳费用。

第八条　第三项

改前: (三) 不得指派未取得计量检定员证的人员从事计量检定工作。

改后: (三) 不得指派不具备计量检

定能力的人员从事计量检定工作。

第九条

改前：眼镜制配者违反本办法第四条有关规定，应当按照下列规定进行处罚：

（一）违反本办法第四条第（三）项规定的，责令改正，可以并处 2000 元以下罚款。

（二）违反本办法第四条第（四）项、第（五）项规定，使用属于强制检定的计量器具未按照规定登记造册，报当地县级质量技术监督部门备案的，责令改正；使用属于强制检定的计量器具，未按照规定申请检定或者超过检定周期继续使用的，责令停止使用，可以并处 1000 元以下罚款；使用属于强制检定的计量器具，经检定不合格继续使用的，责令停止使用，可以并处 2000 元以下罚款；使用属于非强制检定的计量器具，未按照规定定期检定以及经检定不合格继续使用的，责令停止使用，可以并处 1000 元以下罚款。

（三）违反本办法第四条第（六）项规

定，使用非法定计量单位的，责令改正；使用国务院规定废除的非法定计量单位的计量器具和国务院禁止使用的其他计量器具的，责令停止使用，没收计量器具和全部违法所得，可以并处2000元以下罚款。

改后：眼镜制配者违反本办法第四条有关规定，应当按照下列规定进行处罚：

（一）使用属于强制检定的计量器具，未按照规定申请检定或者超过检定周期继续使用的，责令停止使用，可以并处1000元以下罚款；使用属于强制检定的计量器具，经检定不合格继续使用的，责令停止使用，可以并处2000元以下罚款；使用属于非强制检定的计量器具，未按照规定定期检定以及经检定不合格继续使用的，责令停止使用，可以并处1000元以下罚款。

（二）使用非法定计量单位的，责令改正；使用国务院规定废除的非法定计量单位的计量器具和国务院禁止使用的其他计量器具的，责令停止使用，可以并处2000元以下罚款。

第十条　第二项

改前：（二）违反本办法第五条第（二）项规定，责令改正，给消费者造成损失的，责令赔偿损失，没收全部违法所得，可以并处2000元以下罚款。

改后：（二）违反本办法第五条第（二）项规定，责令改正，给消费者造成损失的，责令赔偿损失，可以并处2000元以下罚款。

《眼镜制配计量监督管理办法》修改二

1. 2020年10月23日国家市场监督管理总局令第31号相关内容

一、将第一条、第三条、第十五条、第十八条中的“国家质量监督检验检疫总局”修改为“国家市场监督管理总局”。

将第三条、第四条、第七条、第十五条中的“质量技术监督部门”修改为“市场监督管理部门”。

二、将第二条第四款中的“验光单”修改为“相关数据”。

三、删去第四条第二项中的“遵守职业人员市场准入制度规定”和“取得相应职业资格”。第五项修改为:“不得违反规定使用非法定计量单位。”

四、删去第七条第三项中的“和对有条件的眼镜制配者开展‘价格、计量信得过’活动”。

五、删去第八条第一项中的“在规定期限内”。

六、删去第九条第二项中的“使用国务院规定废除的非法定计量单位的计量器具和国务院禁止使用的其他计量器具的,责令停止使用,可以并处2000元以下罚款”。

七、删去第十条第一项、第十一条第二项中的“拒不改正,情节严重的,建议工商主管部门吊销其营业执照”。

2. 内容修改对照

第一条

改前：为加强对眼镜制配的计量监督管理，规范眼镜制配的计量行为，保护消费者的身体健康和人身安全，根据《中华人民共和国计量法》和国务院赋予国家质量监督检验检疫总局的职责，制定本办法。

改后：为加强对眼镜制配的计量监督管理，规范眼镜制配的计量行为，保护消费者的身体健康和人身安全，根据《中华人民共和国计量法》和国务院赋予国家市场监督管理总局的职责，制定本办法。

第二条

改前：在中华人民共和国境内从事眼镜制配计量活动和相关的计量监督管理，必须遵守本办法。

本办法所称眼镜制配是指单位或者个人从事眼镜镜片、角膜接触镜、成品眼镜的生产、销售以及配镜验光、定配眼镜、角膜接触镜配戴等经营活动。

本办法所称成品眼镜包括装成眼镜、太阳镜等。

本办法所称配镜验光是指使用验光设备等计量检测仪器对消费者眼睛的屈光状态进行测量、分析并出具<u>验光单</u>的活动。

改后： 在中华人民共和国境内从事眼镜制配计量活动和相关的计量监督管理，必须遵守本办法。

本办法所称眼镜制配是指单位或者个人从事眼镜镜片、角膜接触镜、成品眼镜的生产、销售以及配镜验光、定配眼镜、角膜接触镜配戴等经营活动。

本办法所称成品眼镜包括装成眼镜、太阳镜等。

本办法所称配镜验光是指使用验光设备等计量检测仪器对消费者眼睛的屈光状态进行测量、分析并出具<u>相关数据</u>的活动。

第三条

改前： <u>国家质量监督检验检疫总局</u>对全国眼镜制配计量工作实施统一监督管理。

县级以上地方质量技术监督部门对本行政区域内的眼镜制配计量工作实施监督管理。

改后：国家市场监督管理总局对全国眼镜制配计量工作实施统一监督管理。

县级以上地方市场监督管理部门对本行政区域内的眼镜制配计量工作实施监督管理。

第四条

改前：眼镜制配者应当遵守以下规定：

（一）遵守计量法律、法规和规章，制定眼镜制配的计量管理及保护消费者权益的制度，完善计量保证体系，依法接受质量技术监督部门的计量监督。

（二）遵守职业人员市场准入制度规定，配备经计量业务知识培训合格，取得相应职业资格的专（兼）职计量管理和专业技术人员，负责眼镜制配的计量工作。

（三）使用属于强制检定的计量器具必须按照规定登记造册，报当地县级质量技术监督部门备案，并向其指定的计量检定机构申请周期检定。当地不能检定的，向上一级质量技术监督部门指定的计量检定机构申请周期检定。

（四）不得使用未经检定、超过检定周期或者经检定不合格的计量器具。

（五）不得使用非法定计量单位，不得使用国务院规定废除的非法定计量单位的计量器具和国务院禁止使用的其他计量器具。

（六）申请计量器具检定，应当按照价格主管部门核准的项目和收费标准交纳费用。

改后：眼镜制配者应当遵守以下规定：

（一）遵守计量法律、法规和规章，制定眼镜制配的计量管理及保护消费者权益的制度，完善计量保证体系，依法接受市场监督管理部门的计量监督。

（二）配备经计量业务知识培训合格的专（兼）职计量管理和专业技术人员，负责眼镜制配的计量工作。

（三）使用属于强制检定的计量器具必须按照规定登记造册，报当地县级市场监督管理部门备案，并向其指定的计量检定机构申请周期检定。当地不能检定的，向上一级市场监督管理部门指定的计量检定机构申请周期检定。

（四）不得使用未经检定、超过检定周期或者经检定不合格的计量器具。

（五）不得违反规定使用非法定计量单位。

（六）申请计量器具检定，应当按照价格主管部门核准的项目和收费标准交纳费用。

第七条

改前：各级质量技术监督部门在进行计量监督管理时应当遵守以下规定：

（一）宣传计量法律、法规和规章，督促眼镜制配者遵守计量法律、法规和有关规定，做好眼镜制配的计量监督管理工作。

（二）对眼镜制配中使用的计量器具

和相关计量活动进行计量监督管理，查处计量违法行为。

（三）引导眼镜制配者完善计量保证体系和对有条件的眼镜制配者开展省级“价格、计量信得过”活动。

（四）受理计量投诉，调解计量纠纷，组织仲裁检定。

改后：各级市场监督管理部门在进行计量监督管理时应当遵守以下规定：

（一）宣传计量法律、法规和规章，督促眼镜制配者遵守计量法律、法规和有关规定，做好眼镜制配的计量监督管理工作。

（二）对眼镜制配中使用的计量器具和相关计量活动进行计量监督管理，查处计量违法行为。

（三）引导眼镜制配者完善计量保证体系。

（四）受理计量投诉，调解计量纠纷，组织仲裁检定。

第八条

改前：计量检定机构和计量检定人员

进行计量检定时，应当遵守以下规定：

（一）按照计量检定规程在规定期限内完成检定，出具检定证书。

（二）不得使用未经考核合格或者超过有效期的计量标准开展计量检定工作。

（三）不得指派不具备计量检定能力的人员从事计量检定工作。

（四）不得擅自调整检定周期。

（五）不得伪造数据。

（六）不得超过标准收费。

改后：计量检定机构和计量检定人员进行计量检定时，应当遵守以下规定：

（一）按照计量检定规程完成检定，出具检定证书。

（二）不得使用未经考核合格或者超过有效期的计量标准开展计量检定工作。

（三）不得指派不具备计量检定能力的人员从事计量检定工作。

（四）不得擅自调整检定周期。

（五）不得伪造数据。

（六）不得超过标准收费。

第九条

改前：眼镜制配者违反本办法第四条有关规定，应当按照下列规定进行处罚：

（一）使用属于强制检定的计量器具，未按照规定申请检定或者超过检定周期继续使用的，责令停止使用，可以并处1000元以下罚款；使用属于强制检定的计量器具，经检定不合格继续使用的，责令停止使用，可以并处2000元以下罚款；使用属于非强制检定的计量器具，未按照规定定期检定以及经检定不合格继续使用的，责令停止使用，可以并处1000元以下罚款。

（二）使用非法定计量单位的，责令改正；使用国务院规定废除的非法定计量单位的计量器具和国务院禁止使用的其他计量器具的，责令停止使用，可以并处2000元以下罚款。

改后：眼镜制配者违反本办法第四条有关规定，应当按照下列规定进行处罚：

（一）使用属于强制检定的计量器具，未按照规定申请检定或者超过检定周期继续使用的,责令停止使用,可以并处1000元以下罚款;使用属于强制检定的计量器具,经检定不合格继续使用的,责令停止使用,可以并处2000元以下罚款;使用属于非强制检定的计量器具,未按照规定定期检定以及经检定不合格继续使用的,责令停止使用,可以并处1000元以下罚款。

(二)使用非法定计量单位的,责令改正。

第十条

改前:眼镜镜片、角膜接触镜、成品眼镜生产者违反本办法第五条有关规定,应当按照以下规定进行处罚:

(一)违反本办法第五条第(一)项规定的,责令改正,可以并处1000元以上10000元以下罚款;拒不改正,情节严重的,建议工商主管部门吊销其营业执照。

(二)违反本办法第五条第(二)项规定,责令改正,给消费者造成损失的,责令赔偿损失,可以并处2000元以下罚款。

改后:眼镜镜片、角膜接触镜、成品眼镜镜生产者违反本办法第五条有关规定，应当按照以下规定进行处罚：

（一）违反本办法第五条第一项规定的，责令改正，可以并处 1000 元以上 10000 元以下罚款。

（二）违反本办法第五条第二项规定，责令改正，给消费者造成损失的，责令赔偿损失，可以并处2000 元以下罚款。

第十一条

改前：从事眼镜镜片、角膜接触镜、成品眼镜销售以及从事配镜验光、定配眼镜、角膜接触镜配戴经营者违反本办法第六条有关规定，应当按照以下规定进行处罚：

（一）违反本办法第六条第（一）项规定的，责令改正。

（二）违反本办法第六条第（二）项规定的，责令改正，可以并处 1000 元以上 10000 元以下罚款；拒不改正，情节严重的，建议工商主管部门吊销其营业执照。

（三）违反本办法第六条第（三）项规定的，责令改正，可以并处 2000 元以下罚款。

（四）违反本办法第六条第（四）项规定的，责令改正，给消费者造成损失的，责令赔偿损失，没收全部违法所得，可以并处2000元以下罚款。

改后：从事眼镜镜片、角膜接触镜、成品眼镜销售以及从事配镜验光、定配眼镜、角膜接触镜配戴经营者违反本办法第六条有关规定，应当按照以下规定进行处罚：

（一）违反本办法第六条第一项规定的，责令改正。

（二）违反本办法第六条第二项规定的，责令改正，可以并处1000元以上10000元以下罚款。

（三）违反本办法第六条第三项规定的，责令改正，可以并处2000元以下罚款。

（四）违反本办法第六条第四项规定的，责令改正，给消费者造成损失的，责令赔偿损失，没收全部违法所得，可以并处2000元以下罚款。

第十五条

改前：本办法规定的行政处罚，由县级以上地方质量技术监督部门决定。

县级以上地方质量技术监督部门按照本办法实施行政处罚，必须遵守国家质量监督检验检疫总局关于行政案件办理程序的有关规定。

改后：本办法规定的行政处罚，由县级以上地方市场监督管理部门决定。

县级以上地方市场监督管理部门按照本办法实施行政处罚，必须遵守国家市场监督管理总局关于行政案件办理程序的有关规定。

第十八条

改前：本办法由国家质量监督检验检疫总局负责解释。

改后：本办法由国家市场监督管理总局负责解释。

《眼镜制配计量监督管理办法》修改三

1. 2022年9月29日国家市场监督管理总局令第61号相关内容

将第九条第一项修改为:“属于强制检定范围的计量器具,未按照规定申请检定和属于非强制检定范围的计量器具未自行定期检定或者送其他计量检定机构定期检定的,以及经检定不合格继续使用的,责令其停止使用,可并处1000元以下的罚款。”

2. 内容修改对照

第九条

改前:眼镜制配者违反本办法第四条有关规定,应当按照下列规定进行处罚:

(一)使用属于强制检定的计量器具,未按照规定申请检定或者超过检定周期继续使用的，责令停止使用，可以并处1000元以下罚款；使用属于强制检定的计量器具，经检定不合格继续使用的，责令停止使用，可以并处2000元以下罚款；使用属于非强制检定的计量器具，未按照规定定期检定以及经检定不合格继续使用的，责令停止使用，可以并处1000元以下罚款。

（二）使用非法定计量单位的，责令改正。

改后：眼镜制配者违反本办法第四条有关规定，应当按照下列规定进行处罚：

（一）属于强制检定范围的计量器具，未按照规定申请检定和属于非强制检定范围的计量器具未自行定期检定或者送其他计量检定机构定期检定的，以及经检定不合格继续使用的，责令其停止使用，可并处1000元以下的罚款。

（二）使用非法定计量单位的，责令改正。

关于对《眼镜制配计量监督管理办法》部分条款的解释

（2004年6月20日质检法函〔2004〕130号）

各省、自治区、直辖市及计划单列市和新疆生产建设兵团质量技术监督局：

第54号总局令《眼镜制配计量监督管理办法》在实施过程中，某些地方技监部门对第五条、第六条理解不一。特作如下解释：

一、第五条第（一）项“配备与生产相适应的顶焦度、透过率和厚度等计量检测设备”中“顶焦度、透过率、厚度等计量检测设备”为举例说明。根据眼镜镜片、角膜接触镜和成品眼镜生产的实际需要，生产过程中必须要使用顶焦度、透过率、厚度等计量检测设备的,生产者应当配备。反之,则不需要配备。

二、第六条第(二)项“配备与销售、经营业务相适应的验光、瞳距、顶焦度、透过率、厚度等计量检测设备”中“验光、瞳距、顶焦度、透过率、厚度等计量检测设备”为举例说明。根据眼镜镜片、角膜接触镜、成品眼镜的销售以及配镜验光、定配眼镜、角膜接触镜配戴经营业务的实际需要,销售、经营业务中必须要使用诸如验光、瞳距、顶焦度、透过率、厚度等计量检测设备的,销售者、经营者应当配备。反之,则不需要配备。

国家计量技术规范管理办法

（2024 年 3 月 8 日国家市场监督管理总局令第 89 号公布）

第一章　总　　则

第一条　为了加强国家计量技术规范的管理，保障国家计量单位制的统一和量值的准确可靠，根据《中华人民共和国计量法》等有关法律、行政法规，制定本办法。

第二条　国家计量技术规范的立项、制定、批准发布、实施以及监督管理，适用本办法。

第三条　本办法所称国家计量技术规范，是指由国家市场监督管理总局（以下简称市场监管总局）组织制定并批准发布，在全国范围内实施的计量技术规范，包括国家计量检定系统表、国家计量检定规程、国家计量器具型式评价大纲、国家计量校准规范以及其他国家计量技术规范。

第四条 市场监管总局统一管理国家计量技术规范，负责国家计量技术规范的立项、组织制定、批准发布、组织实施及监督管理。

第五条 制定国家计量技术规范应当有利于提升量值传递与溯源能力、支撑计量管理、促进科技创新、推动产业发展、便利经贸往来、实施国家战略。

第六条 制定国家计量技术规范应当符合国家有关法律、行政法规和部门规章的规定，应当适用范围明确，各项要求科学合理，并兼顾操作的可行性及实施的经济性；除确需保密的项目外，全过程应当公开、透明，广泛征求各方意见。

第七条 积极推动采用国际法制计量组织（OIML）发布的国际计量规范及有关国际组织发布的国际技术文件。采用国际计量技术规范，应当符合国家有关法律法规，坚持结合国情、注重实效的原则。

第八条 市场监管总局组织建立全国专业计量技术委员会、分技术委员会（以下统称技术委员会），承担国家计量技术规范的立项评估、组织起草、征求意见、技术审定、实施效果评估、复审和宣传贯彻工作，承担归口国家计量技术规范的解释工作。

市场监管总局可以根据工作需要，指定相关国家产业计量测试中心、国家专业计量站等机构承担前款规定的相关工作。必要时，市场监管总局可以直接组织起草国家计量技术规范。

第九条 对具有先进性、引领性，实施效果良好，需要在全国范围推广实施的部门、行业和地方计量技术规范，可以由市场监管总局组织审定后，以国家计量技术规范的形式批准发布。

第十条 市场监管总局依法享有国家计量技术规范的版权。

第二章　国家计量技术规范的立项

第十一条　市场监管总局面向社会公开征集国家计量技术规范立项建议。单位和个人可以根据经济社会发展以及计量法制管理需要，向有关技术委员会提出国家计量技术规范的立项建议，也可以直接向市场监管总局提出。

立项建议应当包括制定国家计量技术规范的必要性、可行性、适用范围以及与现行国家计量技术规范的兼容性等。

第十二条　有关技术委员会应当对立项建议进行评估。经评估后认为适合立项的，应当向市场监管总局提出立项申请。

立项申请材料应当包括项目申报书和国家计量技术规范草案。

项目申报书应当包括制定国家计量技术规范的必要性和可行性，国内外技术规范水平现状和发展趋向，与相关国际技术文件的一致性程度分析，关键技术要求或者主要内容，实施条件，进度安排，预期的经济和社会效益等。

第十三条 有关技术委员会对立项建议存在重大分歧的，市场监管总局应当对争议内容研究提出处理意见。

第十四条 市场监管总局决定予以立项的，应当向有关技术委员会下达项目计划。

第十五条 项目计划执行过程中，发现不再适宜制定国家计量技术规范的，应当予以撤销；确属急需制定的，可以增补；特殊情况下，可以调整。

第十六条 撤销、增补、调整项目计划，应当由有关技术委员会提出，经市场监管总局批准后实施。

撤销、增补、调整项目计划未获批准的，有关技术委员会应当按照原批准的计划实施。

第三章 国家计量技术规范的制定

第十七条 技术委员会应当按照国家有关要求组织起草单位实施项目计划。

起草单位负责国家计量技术规范起草的调查研究、试验验证、编制和征求意见处理等工作。

起草单位应当具有专业性和广泛代表性。

第十八条 制定国家计量技术规范应当按照编写规则要求，在调查研究、试验验证的基础上，起草国家计量技术规范征求意见稿、编写说明以及其他有关材料。

在制定检定规程、校准规范和型式评价大纲时，其他有关材料主要包括：

（一）试验报告。对国家计量技术规范规定的技术要求，应当用规定的实验条件、实验方法对其适用范围的对象进行检测，用试验数据证明其科学合理性和可行性。

（二）测量不确定度评定报告。应当用测量不确定度评定方法分析所规定的技术要求、实验条件、实验方法的科学合理性。

（三）如需采用相关国际技术文件，应

当提供原文及中文译本。

第十九条 国家计量技术规范征求意见稿和编写说明应当向社会公开征求意见，并向涉及的有关部门、企事业单位、科研机构、社会组织等相关方征求意见。

向社会公开征求意见的期限不得少于三十日。

第二十条 起草单位应当对征集的意见进行处理，形成征求意见汇总表。对征求意见稿修改完善后，形成国家计量技术规范报审稿，报送有关技术委员会。

第二十一条 技术委员会应当按照《全国专业计量技术委员会章程》规定的工作程序，对国家计量技术规范报审稿开展审定。技术委员会应当审定以下内容：

（一）是否符合国家有关法律、行政法规和部门规章的规定；

（二）与相关国际技术文件、国家计量技术规范和国家标准的兼容性；

（三）主要技术内容的科学性、先进性、合理性和可操作性；

（四）国家计量技术规范文本的规范性、严谨性；

（五）试验报告、测量不确定度评定报告的科学合理性；

（六）是否符合公平竞争的规定；

（七）意见采纳情况和重大分歧意见的处理结果。

第二十二条 国家计量技术规范报审稿应当经技术委员会四分之三以上委员同意后，审定通过。起草人员不参加表决。

审定国家计量技术规范应当形成审定意见书，并经参加审定的全体委员签字。审定意见书应当包括审定形式、时间、地点、参加委员名单、对技术规范的审定意见和结论等。

第二十三条 起草单位根据审定意见整理形成报批稿和相关报批材料，经技术委员会审核同意后，报市场监管总局。相关报批材料包括：

（一）国家计量技术规范报批公文；

（二）国家计量技术规范报批表；

（三）编写说明；

（四）征求意见汇总表；

（五）审定意见书；

（六）其他有关材料。

报批材料需要提供试验报告、测量不确定度评定报告、相关国际技术文件的原文和中文译本的，还应当按照有关要求提供。

第二十四条 制定国家计量技术规范，自项目计划下达之日起至材料报送报批的期限一般不得超过二十四个月。不能按照项目计划规定期限报送的，应当提前三十日向市场监管总局申请延期，延长期限不得超过十二个月。

无法继续执行项目计划的，由技术委员会报市场监管总局批准后，终止国家计量技术规范项目。

第四章 国家计量技术规范的批准发布

第二十五条 市场监管总局应当对国

家计量技术规范的报批材料进行审查,必要时可以委托有关机构进行审查。审查通过的,由市场监管总局统一编号,以公告形式发布。

第二十六条 国家计量技术规范的编号由代号、顺序号和发布年号组成。

代号“JJG”用于国家计量检定规程和国家计量检定系统表;代号“JJF”用于国家计量校准规范、国家计量器具型式评价大纲和其他国家计量技术规范。

第二十七条 制定国家计量技术规范过程中形成的资料应当由市场监管总局和有关技术委员会分别归档。

第二十八条 国家计量技术规范经批准发布后,由市场监管总局委托的出版机构出版。

市场监管总局按照有关规定公开国家计量技术规范数字化文本。

需要翻译成外文的国家计量技术规范,由有关技术委员会组织翻译和审定;如需出版,应当经市场监管总局批准,由委托的出版机构出版。

第五章　国家计量技术规范的实施与监督管理

第二十九条　国家计量技术规范的发布与实施之间应当设置合理的过渡期。

第三十条　国家计量技术规范发布后，市场监管总局应当组织技术委员会开展国家计量技术规范的宣传贯彻和推广工作。鼓励各级市场监督管理部门、各有关政府部门、行业协会、计量技术机构采用多种形式开展国家计量技术规范的宣传和推广工作。

第三十一条　鼓励各级市场监督管理部门、各有关政府部门、行业协会、计量技术机构和技术委员会在日常工作中收集相关国家计量技术规范实施信息；起草单位应当对已发布的计量技术规范进行有效性跟踪。

鼓励社会公众通过市场监管总局门户网站等渠道反馈国家计量技术规范在实施

中产生的问题和意见建议。

第三十二条 市场监管总局建立国家计量技术规范实施效果评估机制，定期组织开展重点领域国家计量技术规范实施效果评估。国家计量技术规范实施效果评估主要包括技术规范的适用性、协调性、技术水平、结构内容、应用状况、实施成效和问题等内容。

第三十三条 市场监管总局委托技术委员会开展国家计量技术规范复审工作。技术委员会应当根据复审情况提出继续有效、修订或者废止的结论，报市场监管总局。复审周期一般不超过五年。

各技术委员会应当密切关注可能影响国家计量技术规范合法性和科学性的国际、国内重大变化情况，或者经济社会和科技发展导致现有国家计量技术规范整体或者部分条款不适用等情况，经研判后及时向市场监管总局提出复审建议。

第三十四条 经复审后的国家计量技术规范，按照下列情形分别处理：

（一）对不需要修订的国家计量技术规范，确认继续有效，由相关技术委员会填写复审意见表，报市场监管总局批准。

（二）对需要修订的国家计量技术规范，由相关技术委员会填写复审意见表，报市场监管总局批准，作为修订项目列入计划；修订的国家计量技术规范顺序号不变，将年号改为修订后批准发布的年号。

（三）对不再符合国家相关法律法规规定或者经济社会发展需要的国家计量技术规范，由相关技术委员会填写复审意见表，提出废止建议，报市场监管总局批准。拟废止的国家计量技术规范由市场监管总局向社会公开征求意见，征求意见期限不少于三十日。

第三十五条 经过复审确认继续有效或者批准废止的国家计量技术规范目录，由市场监管总局以公告形式发布。

第三十六条 国家计量技术规范发布后，个别技术要求需要调整、补充或者删减的，可以通过修改单进行修改。由起草单位填写修改国家计量技术规范申报表，经相关技术委员会审核同意，报市场监管总局批准，以公告形式发布。国家计量技术规范修改单与技术规范文本具有同等效力。

第六章　附　　则

第三十七条　任何单位和个人，未经市场监管总局批准，不得随意改动国家计量技术规范。违反本办法规定的，应当对直接责任人依法依规依纪给予处理。

第三十八条　部门、行业、地方计量技术规范参照本办法执行。

第三十九条　本办法自 2024 年 5 月 1 日起实施。2002 年 12 月 31 日原国家质量监督检验检疫总局令第 36 号公布的《国家计量检定规程管理办法》同时废止。

全国专业计量技术委员会章程

（2007年1月15日国家质量监督检验检疫总局国质检量〔2007〕4号）

第一章 总 则

第一条 根据《中华人民共和国计量法》和《中华人民共和国计量法实施细则》的有关规定，制定本章程。

第二条 为了保证全国量值的准确、一致，充分发挥计量专家在计量活动中的技术支撑作用，国家质量监督检验检疫总局（以下简称国家质检总局）统一规划和组建全国专业计量技术委员会（简称技术委员会，下同）。

第三条 技术委员会是在一定专业领域内从事有关计量技术工作的技术性组

织，负责在本专业领域内制定国家计量技术法规和开展国家计量基准、标准国内量值比对的归口管理工作。

第四条 属于基础性、综合性、专业性较强的技术委员会由国家质检总局领导和管理。行业技术委员会由国家质检总局委托行业协会领导和管理。

第五条 凡组织、成立、调整、改组技术委员会应遵守本章程。

第二章 职 责

第六条 技术委员会根据国家有关方针政策及经济社会发展的需要，定期向国家质检总局提出本专业发展趋势报告和采取相应措施的建议。

第七条 技术委员会根据《国家计量检定规程管理办法》的有关规定，结合经济社会发展的实际需要，向国家质检总局提出本专业领域内制定、修订和宣传贯彻国家计量技术法规的规划和年度计划的建议，并按照国家质检总局批准的计划组织实施。

第八条 技术委员会根据《国家计量基准、标准量值国内比对管理办法》,以及本专业领域内计量基准、标准量值传递和溯源的需要,向国家质检总局提出本专业领域内计量基准、标准年度比对计划,并按照国家质检总局批准的计划组织实施。

第九条 技术委员会定期向国家质检总局提出本专业国家计量技术法规制定、修订进展情况、实施情况和计量基准、标准现状的报告,提出奖励项目建议。

第十条 受国家质检总局委托,技术委员会参与国际法制计量组织(OIML)有关国际建议的制定工作,参加国际学术交流活动和各项计量基准、标准量值的国际比对等有关工作。

第十一条 受国家质检总局委托,技术委员会承担国务院有关部门和省级地方行政部门主管的本专业领域内部门和地方要求的计量技术服务工作。

第十二条 技术委员会承办国家质检总局委托的与计量技术有关的其他工作。

第三章　组织机构

第十三条　国家质检总局根据计量专业的分类和我国经济社会的实际需要,分别设置综合性和专业性的技术委员会。

第十四条　技术委员会应由在计量科研、检定、校准、生产和管理方面从事实际工作的技术人员为主体组成。

技术委员会的组成方案由国家质检总局审查批准。

第十五条　筹建技术委员会原则上须由省级以上计量技术机构向国家质检总局提出申请方可立项。

第十六条　申请单位申请成立技术委员会必须提交申请书(见附件1)。

第十七条　申请成立技术委员会的申请书经国家质检总局审查核准后,由所确定的牵头单位组成筹备组,负责筹备工作。

第十八条　筹备组在国家质检总局指导下进行筹备工作。筹备组从登记委员候选人至召开首次技术委员会会议,完成筹备任务。

第十九条 技术委员会设委员20至30名。除综合性技术委员会,从事计量科研、检定、校准、生产实际工作的技术人员一般不得少于全体委员的四分之三,行政管理机构的科技管理人员不超过2名,单位委员不得超过3名。

第二十条 技术委员会委员应由本专业领域内理论水平较高、实践经验丰富、熟悉本专业计量技术工作、热爱计量事业、热心技术委员会工作、具有中级以上技术职称的在职人员担任。

第二十一条 技术委员会委员由国家质检总局在社会上公开招聘(筹备组承办)。委员可以通过个人申请、单位推荐参加竞聘。

第二十二条 经竞聘入选的人员,需填写《全国专业计量技术委员会登记表》(见附件2);经本单位推荐,报国家质检总局审核后聘任,颁发聘书。

每届技术委员会委员任期4年,到期

可以参加下届委员的竞聘。

委员因工作变动或不履行职责，技术委员会应向国家质检总局提出解聘意见，由国家质检总局确认、解聘。

第二十三条 技术委员会设主任委员1名，副主任委员1至2名。技术委员会下设秘书处，在主任委员、副主任委员领导下负责处理技术委员会的日常工作。秘书处设秘书长1名，副秘书长1名(如有必要)，负责秘书处的工作。

第二十四条 主任委员、副主任委员及秘书长由其所在单位提名，经国家质检总局审核并批准。主任委员、副主任委员原则上由本专业在学术上有较高威望的专家担任。

第二十五条 主任委员、副主任委员、秘书长、副秘书长和委员应由在职人员担任。需要时可聘请本专业在学术上有较高威望的专家、学者1至2名担任技术委员会顾问。

第二十六条 专业范围较宽的技术委

员会可设立分技术委员会；对一些工作量较大的单项工作可以组织专项工作组，在所承担的专项任务完成后自动撤消。技术委员会负责协调和监督分技术委员会和专项工作组的工作。

设立分技术委员会和组织专项工作组须由技术委员会提出，经国家质检总局批准。分技术委员会的主任委员、副主任委员和专项工作组组长应由技术委员会委员担任。

第二十七条 技术委员会委员在本技术委员会内有表决权，有权获得技术委员会的资料和文件。

顾问在技术委员会内有权提出建议和意见，有权获得技术委员会的资料和文件，无表决权。

技术委员会委员所在单位应积极支持委员参加技术委员会的工作。

第二十八条 技术委员会秘书处应设在秘书长所在单位。秘书处所在单位应为秘书处提供必要的工作条件，并将秘书处工作纳入本单位工作计划。

第二十九条 技术委员会可设通讯单位成员。通讯单位成员由有关单位提出申请,经技术委员会批准。

通讯单位成员可派代表列席技术委员会会议,发表意见,提出建议,但无表决权。通讯单位成员有权获得技术委员会的资料和文件,可以承担有关工作。通讯单位成员应向技术委员会交纳一定的费用。

第三十条 国家质检总局和技术委员会的主管部门,派联络员负责与技术委员会保持联系。

专业范围有交叉,或专业范围联系密切的技术委员会,可互派委员参加技术委员会的活动,以加强彼此工作的协调。

第四章 工作程序

第三十一条 技术委员会应根据国家质检总局关于申报年度工作计划的要求提出年度计划的项目建议书。

第三十二条 技术委员会应根据国家

质检总局批准下达的相关年度计划组织实施，指导工作，督促检查工作进度。

第三十三条 技术委员会应根据计划任务的要求，收集起草单位提出的技术文件，进行完整性审查，并征求有关方面意见。

对国家计量技术法规征求意见稿，经资料完整性审查后，按规定分送技术委员会各委员、通讯单位成员以及有代表性的单位和个人广泛征求意见，并把意见反馈给技术文件起草单位。

第三十四条 技术文件起草单位对征集的意见进行分析、整理后，对原稿进行修改，向技术委员会提交报审稿和有关文件。

第三十五条 技术委员会秘书处收到技术文件报审稿和有关文件，并报正、副主任委员审查同意后，提交技术委员会审定。

第三十六条 技术委员会对需要审定的文件进行审定。

国家计量技术法规和比对项目的有关技术资料的审定，以会审为主，函审为辅。具体审定形式由技术委员会决定，必要时可邀请特邀代表参加审定,特邀代表不参与表决。

第三十七条 技术委员会秘书处应按规定在审定会议前将需要审定的技术文件提交给技术委员会委员。

国家计量技术法规报审稿(包括附件)及比对项目的有关技术文件须提前一个月送交审定者。

第三十八条 技术委员会在审定国家计量技术法规等技术文件时,应有该技术委员会三分之二以上委员参加方为有效,被审定的技术文件至少应获得到会委员人数四分之三以上同意方为通过,并以书面材料记录在案。对于通讯单位成员和特邀代表的意见应有单独的书面记录。

对有分歧意见的技术法规或条款,须有不同观点的论证材料。

技术委员会在审定比对项目的有关技术文件时,应有所有参比实验室参加方为有效(凡不能参加的实验室,必须有经本单位确认的书面意见)。被审定的技术文件至少应获得到会委员人数四分之三以上同意方为通过，并以书面材料记录在案。

第三十九条 对审定通过的技术文件，由起草单位根据审定意见整理形成报批稿，报技术委员会秘书处。

第四十条 技术委员会秘书处对上报的技术文件复核，由秘书长签署意见后送主任委员审查签字，报国家质检总局审批。

技术委员会应对报批稿的技术内容和编写质量负责。

分技术委员会或工作组审查通过的国家计量技术法规报批稿，送技术委员会秘书处按本条规定的程序办理。

技术委员会对分技术委员会或工作组审查通过的国家计量技术法规的报批稿，有权提出复议和修改意见。

第四十一条 技术委员会每年召开一次年会，总结年度工作，制定下一年度计划，检查经费使用情况，提出奖、惩意见。由秘书处写出年度总结报告送国家质检总局备案。

第五章 经 费

第四十二条 技术委员会的经费按照专款专用的原则筹集和开支。

第四十三条 技术委员会的经费由以下几个方面提供：

1. 国家质检总局的项目经费和技术委员会秘书处所在单位提供的补助经费；

2. 通讯单位成员交纳的费用；

3. 开展本专业计量技术咨询、服务工作的收入；

4. 有关方面的资助。

第四十四条 技术委员会的经费主要用于以下几个方面：

1. 技术委员会会议费用；

2. 向委员及有关单位和人员提供资料所需费用；

3. 技术文件审查费用；

4. 与技术委员会有关的其他费用。

第四十五条 技术委员会应指派专人对技术委员会的经费按专款专用的原则进

行管理。

属国家计量技术法规制、修订项目内的经费，按《国家计量技术法规制、修订项目经费管理暂行规定》管理。

技术委员会每年应向国家质检总局书面报告经费使用情况。

第六章　附　　则

第四十六条　技术委员会均应冠以各自专业或相应物理量的名称。技术委员会代号分别冠以 MTC，对外可用 AQSIQ/MTC×××；分技术委员会用 SC 表示，对外可用 AQSIQ/MTC×××/SC××。各技术委员会和分技术委员会的顺序号由国家质检总局编注。

第四十七条　技术委员会可根据本章程，结合各自专业的具体情况制定本技术委员会和秘书处工作细则。

第四十八条　本章程由国家质检总局负责解释。

第四十九条　本章程自发布之日起实

施,原《全国专业计量技术委员会章程》(质技监局量发〔1999〕83号)同时作废。

附件1:全国专业计量技术委员会(分技术委员会、工作组)申请表 (略)

附件2:全国专业计量技术委员会委员登记表 (略)

能源计量监督管理办法

（2010年9月17日国家质量监督检验检疫总局令第132号公布，根据2020年10月23日国家市场监督管理总局令第31号修改）

第一条 为加强能源计量监督管理，促进节能减排和可持续发展，根据《中华人民共和国节约能源法》、《中华人民共和国计量法》等法律法规，制定本办法。

第二条 在中华人民共和国境内用能单位从事能源计量活动以及实施能源计量监督管理适用本办法。

第三条 国家市场监督管理总局对全国能源计量工作实施统一监督管理。

县级以上地方市场监督管理部门对本行政区域内的能源计量工作实施监督

管理。

第四条 各级市场监督管理部门应当鼓励和支持能源计量新技术的开发、研究和应用，推广经济、适用、可靠性高、带有自动数据采集和传输功能、具有智能和物联网功能的能源计量器具，促进用能单位完善能源计量管理和检测体系，引导用能单位提高能源计量管理水平。

第五条 用能单位应当建立健全能源计量管理制度，明确计量管理职责，加强能源计量管理，确保能源计量数据真实准确。

第六条 用能单位应当配备符合规定要求的能源计量器具。

用能单位配备的能源计量器具应当满足能源分类、分级、分项计量要求。

第七条 用能单位应当建立能源计量器具台账，加强能源计量器具管理。

第八条 用能单位应当按照规定使用符合要求的能源计量器具，确保在用能源计量器具的量值准确可靠。

第九条 用能单位应当加强能源计量

数据管理,建立完善的能源计量数据管理制度。

用能单位应当保证能源计量数据与能源计量器具实际测量结果相符,不得伪造或者篡改能源计量数据。

第十条 用能单位应当将能源计量数据作为统计调查、统计分析的基础,对各类能源消耗实行分类计量、统计。

第十一条 重点用能单位制定年度节能目标和实施方案,应当以能源计量数据为基础,有针对性地采取计量管理或者计量改造措施。

第十二条 重点用能单位应当配备专业人员从事能源计量工作。

重点用能单位的能源计量工作人员应当具有能源计量专业知识,定期接受能源计量专业知识培训。

第十三条 用能单位可以委托有关计量技术机构对大宗能源的贸易交接、能源消耗状况实行第三方公正计量。

第十四条 计量技术机构可以开展以

下能源计量服务活动，为能源计量监督管理提供技术支持：

（一）开展能源计量数据采集、监测；

（二）开展能源计量器具计量检定/校准技术研究，确保能源计量器具准确；

（三）能源计量技术研究、能源效率测试、用能产品能源效率计量检测等工作；

（四）接受委托开展能源审计、能源平衡测试、能源效率限额对标；

（五）开展其他能源计量服务活动。

第十五条 用能单位应当每年对其能源计量工作开展情况进行自查；发现问题的，应当及时整改。

第十六条 市场监督管理部门应当对用能单位能源计量工作情况、列入国家能源效率标识管理产品目录的用能产品能源效率实施监督检查。

任何单位和个人不得拒绝、阻碍依法开展的能源计量监督检查。

第十七条 市场监督管理部门应当对重点用能单位的能源计量器具配备和使

用，计量数据管理以及能源计量工作人员配备和培训等能源计量工作情况开展定期审查。

第十八条 违反本办法规定，用能单位未按照规定配备、使用能源计量器具的，由县级以上地方市场监督管理部门按照《中华人民共和国节约能源法》第七十四条等规定予以处罚。

第十九条 违反本办法规定，重点用能单位未按照规定配备能源计量工作人员或者能源计量工作人员未接受能源计量专业知识培训的，由县级以上地方市场监督管理部门责令限期改正；逾期不改正的，处1万元以上3万元以下罚款。

第二十条 违反本办法规定，拒绝、阻碍能源计量监督检查的，由县级以上地方市场监督管理部门予以警告，可并处1万元以上3万元以下罚款；构成犯罪的，依法追究刑事责任。

第二十一条 从事能源计量监督管理的国家工作人员滥用职权，玩忽职守，徇私舞弊,情节轻微的,给予行政处分;构成犯罪的,依法追究刑事责任。

第二十二条 本办法由国家市场监督管理总局负责解释。

第二十三条 本办法自2010年11月1日起施行。

《能源计量监督管理办法》修改

1. 2020年10月23日国家市场监督管理总局令第31号相关内容

一、将第三条、第二十二条中的“国家质量监督检验检疫总局”修改为“国家市场监督管理总局”。

二、将第三条、第四条、第十六条、第十七条、第十八条、第十九条、第二十条中的“质量技术监督部门”修改为“市场监督管理部门”。

三、将第十三条中的“具备法定资质的社会公正计量行(站)”修改为“有关计量技术机构”。

2. 内容修改对照

第三条

改前：国家质量监督检验检疫总局对全国能源计量工作实施统一监督管理。

县级以上地方质量技术监督部门对本行政区域内的能源计量工作实施监督管理。

改后：国家市场监督管理总局对全国能源计量工作实施统一监督管理。

县级以上地方市场监督管理部门对本行政区域内的能源计量工作实施监督管理。

第四条

改前：各级质量技术监督部门应当鼓励和支持能源计量新技术的开发、研究和应用，推广经济、适用、可靠性高、带有自动数据采集和传输功能、具有智能和物联网功能的能源计量器具，促进用能单位完善能源计量管理和检测体系，引导用能单位提高能源计量管理水平。

改后：各级市场监督管理部门应当鼓励和支持能源计量新技术的开发、研究和应用，推广经济、适用、可靠性高、带有自动数据采集和传输功能、具有智能和物联网功能的能源计量器具，促进用能单位完善能源计量管理和检测体系，引导用能单位提高能源计量管理水平。

第十三条

改前：用能单位可以委托具备法定资质的社会公正计量行（站）对大宗能源的贸易交接、能源消耗状况实行第三方公正计量。

改后：用能单位可以委托有关计量技术机构对大宗能源的贸易交接、能源消耗状况实行第三方公正计量。

第十六条

改前：质量技术监督部门应当对用能单位能源计量工作情况、列入国家能源效率标识管理产品目录的用能产品能源效率实施监督检查。

任何单位和个人不得拒绝、阻碍依法开展的能源计量监督检查。

改后：市场监督管理部门应当对用能单位能源计量工作情况、列入国家能源效率标识管理产品目录的用能产品能源效率实施监督检查。

任何单位和个人不得拒绝、阻碍依法开展的能源计量监督检查。

第十七条

改前：质量技术监督部门应当对重点用能单位的能源计量器具配备和使用，计量数据管理以及能源计量工作人员配备和培训等能源计量工作情况开展定期审查。

改后：市场监督管理部门应当对重点用能单位的能源计量器具配备和使用，计量数据管理以及能源计量工作人员配备和培训等能源计量工作情况开展定期审查。

第十八条

改前：违反本办法规定，用能单位未按照规定配备、使用能源计量器具的，由县级以上地方质量技术监督部门按照《中华人民共和国节约能源法》第七十四条等规定予以处罚。

改后：违反本办法规定，用能单位未按照规定配备、使用能源计量器具的，由县级以上地方市场监督管理部门按照《中华人民共和国节约能源法》第七十四条等规定予以处罚。

第十九条

改前：违反本办法规定，重点用能单位未按照规定配备能源计量工作人员或者能源计量工作人员未接受能源计量专业知识培训的，由县级以上地方质量技术监督部门责令限期改正；逾期不改正的，处1万元以上3万元以下罚款。

改后：违反本办法规定，重点用能单位未按照规定配备能源计量工作人员或者能源计量工作人员未接受能源计量专业知识培训的，由县级以上地方市场监督管理部门责令限期改正；逾期不改正的，处1万元以上3万元以下罚款。

第二十条

改前：违反本办法规定，拒绝、阻碍能源计量监督检查的，由县级以上地方质量技术监督部门予以警告，可并处1万元以上3万元以下罚款；构成犯罪的，依法追究刑事责任。

改后：违反本办法规定，拒绝、阻碍能源计量监督检查的，由县级以上地方市场监督管理部门予以警告，可并处1万元以上3万元以下罚款；构成犯罪的，依法追究刑事责任。

第二十二条

改前：本办法由国家质量监督检验检疫总局负责解释。

改后：本办法由国家市场监督管理总局负责解释。

附录　本手册与上一版相比的文件变化清单

一、新增

《全国人民代表大会常务委员会关于授权国务院在营商环境创新试点城市暂时调整适用〈中华人民共和国计量法〉有关规定的决定》

《全国人民代表大会常务委员会关于延长授权国务院在营商环境创新试点城市暂时调整适用〈中华人民共和国计量法〉有关规定期限的决定》

《非法定计量单位限制使用管理办法》

《市场监管总局关于发布〈可采用非法定计量单位的特殊需要清单〉的公告》

《市场监管总局关于调整实施强制管理的计量器具目录的公告》

《注册计量师注册管理规定》

《国家计量技术规范管理办法》

二、修改

《中华人民共和国计量法实施细则》

《中华人民共和国进口计量器具监督管理办法实施细则》

《计量基准管理办法》

《计量标准考核办法》

《计量违法行为处罚细则》

《商品量计量违法行为处罚规定》

《计量授权管理办法》

《零售商品称重计量监督管理办法》

《加油站计量监督管理办法》

《眼镜制配计量监督管理办法》

《能源计量监督管理办法》

三、替换

《计量比对管理办法》

《计量器具新产品管理办法》

《法定计量检定机构监督管理办法》

《专业计量站管理办法》

《集贸市场计量监督管理办法》

《定量包装商品计量监督管理办法》

四、删除

《市场监管总局关于发布实施强制管理的计量器具目录的公告》

《关于明确医用超声、激光和辐射源监督管理范围的通知》

《社会公正计量行(站)监督管理办法》

《计量检定人员管理办法》

《关于贯彻落实〈加油站计量监督管理办法〉有关问题的通知》

《国家计量检定规程管理办法》

责任编辑：彭　茜

ISBN 978-7-5026-5464-1